En Auschwitz no había Prozac

EDITH EGER

En Auschwitz no había Prozac

12 consejos de una sobreviviente para curar tus heridas y vivir en libertad

Traducción de Àlex Guàrdia Berdiell

Planeta

Obra editada en colaboración con Editorial Planeta – España

Título original: *The Gift*

© 2020, Edith Eva Eger

© 2020, Traducción: Àlex Guàrdia Berdiell

© 2020, Editorial Planeta S.A. – Barcelona, España

Derechos reservados

© 2020, Editorial Planeta Mexicana, S.A. de C.V.
Bajo el sello editorial PLANETA M.R.
Avenida Presidente Masarik núm. 111,
Piso 2, Polanco V Sección, Miguel Hidalgo
C.P. 11560, Ciudad de México
www.planetadelibros.com.mx

Primera edición impresa en España: septiembre de 2020
ISBN: 978-84-08-23322-0

Primera edición en formato en epub en México: octubre de 2020
ISBN: 978-607-07-7207-8

Primera edición impresa en México: octubre de 2020
Primera reimpresión en México: febrero de 2021
ISBN: 978-607-07-7214-6

Impreso en los talleres de Litográfica Ingramex, S.A. de C.V.
Centeno núm. 162-1, colonia Granjas Esmeralda, Ciudad de México
Impreso en México –*Printed in Mexico*

ÍNDICE

A mis pacientes. Son mis maestros. Me insuflaron el valor para volver a Auschwitz y emprender mi camino hacia el perdón y la libertad. Su honestidad y su valor son una fuente inagotable de inspiración.

INTRODUCCIÓN

—

LA EVASIÓN DE NUESTRAS CÁRCELES MENTALES

Aprendí a vivir en un campo de exterminio

En la primavera de 1944 yo tenía dieciséis años y vivía con mis padres y mis dos hermanas mayores en Kassa (Hungría). A nuestro alrededor abundaban las señales de guerra y de prejuicio: las estrellas amarillas que llevábamos cosidas en la solapa del abrigo; los nazis húngaros de la Cruz Flechada que se instalaron en nuestro viejo departamento; los periódicos repletos de noticias del frente y de cómo Alemania iba ocupando toda Europa; las miradas de inquietud que mis padres intercambiaban en la mesa; el infame día en que me corrieron del equipo olímpico de gimnasia por ser judía. Con todo, yo dedicaba las horas a fantasear con cosas propias de la adolescencia. Estaba enamorada de mi primer novio, Eric, un chico alto e inteligente que había conocido en el club de lectura. Solía recrear nuestro primer beso y admiraba el nuevo vestido azul de seda que mi padre, un laureado modisto, me había confeccionado. Medía mis progresos en el estudio de *ballet* y gimnasia y jugaba con Magda, mi bella hermana mayor, y Klara, que estudiaba violín en un conservatorio de Budapest.

Y luego todo cambió.

Una fría mañana de abril detuvieron a los judíos de Kassa y nos encarcelaron en una vieja fábrica de ladrillos en las afueras de la ciudad. Unas semanas más tarde, nos metieron a Magda, a mis padres y a mí en un vagón para ganado en dirección a Auschwitz. Mis padres fueron asesinados en las cámaras de gas el mismo día que llegaron.

La primera noche en Auschwitz me obligaron a bailar para el comandante de las SS Josef Mengele, conocido como el Ángel de la Muerte, el hombre que había inspeccionado a la fila de recién llegados ese día y que había condenado a muerte a mi madre. «¡Baila para mí!», me ordenó. Yo estaba de pie, muerta de miedo, sintiendo bajo los pies el gélido suelo de cemento de los barracones. Fuera, la orquesta del campo empezó a tocar un vals, *El Danubio azul.* Recordé el consejo de mi madre, «Nadie te puede quitar lo que tienes en la mente», cerré los ojos y me retraje a un mundo interior. En mi mente, ya no estaba encerrada en un campo de exterminio, helada, hambrienta y desgarrada por la pérdida. Estaba sobre el escenario de la ópera de Budapest, bailando en el papel de Julieta en el *ballet* de Chaikovski. Desde este refugio interno obligué a mis brazos a levantarse y a mis piernas a hacer piruetas. Me armé de fuerza para bailar por mi vida.

Cada instante en Auschwitz fue un infierno. También fue mi mejor clase. Bajo el yugo de la pérdida, la tortura, la inanición y la amenaza constante de la muerte, descubrí mecanismos de supervivencia y la libertad que sigo usando cada día en mi práctica de psicología clínica, así como en mi vida privada.

Ahora escribo esta introducción en otoño de 2019, a los noventa y dos años. Me doctoré en Psicología Clínica en 1978 y llevo tratando a pacientes más de cuarenta años. He trabajado con veteranos de guerra y sobrevivientes de agresiones sexuales; estudiantes, representantes civiles y directores generales; personas que luchaban contra la adicción y algunas atormentadas por la ansiedad y la depresión; parejas consumidas por el rencor y otras que ansiaban reavivar la llama; padres e hijos que aprendieron a vivir juntos y otros que descubrieron la forma de vivir separados. Como psicóloga, como madre, abuela y bisabuela, y como sobreviviente de Auschwitz, he venido a decirles que la peor cárcel no es aquella en la que los nazis me metieron. La peor cárcel es la que yo construí para mí misma.

Aunque probablemente nuestras vidas hayan sido muy diferentes, quizás sepan a qué me refiero. Muchos nos sentimos atrapados en nuestra mente. Nuestros pensamientos y creencias determinan —y a veces limitan— cómo nos sentimos, qué hacemos y qué consideramos posible. En mi trabajo he descubierto que, aunque las creencias que nos aprisionan aparecen y nos afectan de formas únicas, hay algunas cárceles mentales comunes que contribuyen al sufrimiento. Este libro es un manual práctico para ayudarnos a identificar nuestras cárceles mentales y crear las herramientas que necesitamos para liberarnos.

La base de la libertad es el poder de elegir. En los últimos meses de la guerra yo tuve muy pocas opciones y ninguna vía de escape. Los judíos húngaros fueron de los últimos en Europa en ser deportados a los campos de exterminio y, tras ocho meses en Auschwitz, justo antes de que el ejército ruso derrotara a Alemania, a mi hermana, a mí y a otro centenar de prisioneros nos evacuaron de Auschwitz. Abandonamos Polonia y cruzamos Alemania hasta llegar a Austria. Entre tanto trabajamos como esclavas en fábricas y viajamos en trenes que transportaban munición alemana. Nuestros cuerpos sirvieron de escudo humano para proteger la carga de las bombas británicas. (Los británicos bombardeaban los trenes igualmente.)

Cuando nos liberaron a mi hermana y a mí en Gunskirchen —un campo de concentración de Austria— en mayo de 1945, algo más de un año después de que nos hicieran prisioneras, mis padres y casi todas las personas que conocía habían muerto. Tenía la espalda hecha trizas por las constantes palizas. Estaba muerta de hambre, tenía el cuerpo lleno de heridas y apenas podía moverme. Yacía encima de una montaña de cadáveres, personas que habían pasado enfermedades y hambre como yo y cuyos cuerpos habían dicho basta. No podía deshacer lo que me habían hecho. No podía controlar cuántas personas habían arrojado los nazis a los vagones para ganado o a los crematorios, tratando de exterminar al mayor número de judíos e «indeseables» posible antes del fin de la guerra. No podía alterar la deshumanización sistemática ni el asesinato de los más de seis millones de inocentes que murieron en los campos. Pero sí podía decidir cómo responder al terror y a la impotencia. Por alguna razón, elegí la esperanza.

Con todo, sobrevivir a Auschwitz solo fue la primera etapa en mi camino a la libertad. Durante muchas décadas seguí siendo una prisionera del pasado. En apariencia estaba bien, había dejado atrás el trauma y había seguido adelante. Me casé con Béla, el hijo de una ilustre familia de Prešov que había sido partisano durante la guerra y había luchado contra los nazis en los bosques montañosos de Eslovaquia. Fui madre, hui del comunismo en Europa emigrando a los Estados Unidos, viví en la inopia, salí de la pobreza y, a los cuarenta y pico, fui a la universidad. Me convertí en profesora de preparatoria y, luego, volví a la facultad para hacer un máster en Psicología Educativa y doctorarme en Psicología Clínica. Me había formado mucho, estaba comprometida con ayudar a los demás a curarse y en mi trabajo me confiaban algunos de los casos más difíciles. Sin embargo, yo seguía escondida: huía de mi pasado, negaba el dolor y el trauma, quitaba hierro a las cosas y fingía, trataba de contentar a los demás y hacerlo todo a la perfección, culpaba a Béla por mi rencor y mi desengaño crónicos y perseguía metas como si pudieran compensar por todo lo que había perdido.

Un día llegué al hospital militar William Beaumont de Fort Bliss (Texas), donde trabajaba gracias a una prestigiosa beca clínica, y me puse la bata blanca con la etiqueta «Dra. Eger, Departamento de Psiquiatría». Pero, por una fracción de segundo, las palabras se desdibujaron y parecieron decir «Dra. Eger, Impostora». Fue entonces cuando supe que no podría ayudar a otros a curarse a menos que me curara a mí misma.

Mi método terapéutico es ecléctico e intuitivo, una amalgama de teorías y prácticas basadas en la observación y el análisis cognitivo. Yo lo llamo «terapia de la elección», pues la libertad se basa sobre todo en la elección. Aunque el sufrimiento es inevitable y universal, siempre podemos elegir cómo responder a él. Y yo intento resaltar y explotar el poder de mis pacientes de elegir, de cambiar a mejor sus vidas.

Mi obra se asienta sobre cuatro principios psicológicos esenciales:

Primero, de Martin Seligman y la psicología positiva, el concepto de la «indefensión aprendida». Es decir, cuando más sufrimos es cuando creemos que no tenemos control sobre nuestras vidas, que nada de lo que hacemos puede mejorar los resultados. Encontramos la dicha cuando sacamos provecho del «optimismo aprendido»: la fuerza, la resiliencia y la capacidad de crear el significado y el rumbo de nuestras vidas.

Segundo, de la terapia cognitivo-conductual, la idea de que los pensamientos imprimen nuestros sentimientos y nuestro comportamiento. Para cambiar aquellos comportamientos perjudiciales, disfuncionales o derrotistas, sustituimos nuestras creencias negativas por aquellas que sirven y sustentan nuestro crecimiento.

Tercero, de Carl Rogers, uno de los mentores que más me ha influido, la importancia de tener un autoconcepto incondicionalmente positivo. Buena parte del sufrimiento emana de nuestra falsa creencia de que no podemos ser amados y sinceros, que, si queremos ganarnos la aceptación y aprobación de los demás, tenemos que negar o esconder a nuestro verdadero yo. En mi labor, procuro brindar a mis pacientes un amor incondicional y guiarlos para descubrir que solo somos libres cuando nos quitamos la máscara, dejamos de cumplir los roles y expectativas que los demás nos imponen y empezamos a amarnos a nosotros mismos de forma incondicional.

Finalmente, trabajo con la certeza —compartida con mi estimado mentor, amigo y sobreviviente de Auschwitz, Victor Frankl— de que las peores experiencias pueden ser nuestras mejores maestras, abriendo la puerta a descubrimientos imprevistos y a nuevas posibilidades y perspectivas. La curación, la autorrealización y la libertad provienen de nuestra capacidad de elegir cómo responder a lo que nos depara la vida, para sacar un significado y ver un propósito en todo lo que vivimos (y especialmente en nuestro sufrimiento).

La libertad es un modo de vida, una elección que hacemos una y otra vez cada día. En definitiva, la libertad exige esperanza, que yo defino de dos maneras: la conciencia de que el sufrimiento, por más terrible que sea, es temporal; y la curiosidad por descubrir qué pasará a continuación. La esperanza nos permite vivir en el presente en lugar del pasado, así como romper el cerrojo de nuestras cárceles mentales.

Tres cuartos de siglo después de la liberación, sigo teniendo pesadillas. Se me aparecen imágenes de lo que pasó. Hasta el día en que muera voy a seguir llorando la pérdida de mis padres, que nunca pudieron ver a cuatro generaciones alzarse de sus cenizas. El horror me acompaña. No hay libertad en minimizar lo que pasó, o en tratar de olvidar.

Pero honrar el recuerdo dista mucho de seguir anclada en la culpa, la vergüenza, la ira, el resentimiento o el miedo del pasado. Soy capaz de afrontar la realidad de lo que sucedió y recordar que, aunque he perdido, nunca he dejado de elegir el amor y la esperanza. Para mí, la capacidad de elegir, incluso en medio de todo ese sufrimiento e impotencia, es el verdadero regalo que me llevé de mi paso por Auschwitz.

Tal vez parezca un error llamar «regalo» a cualquier cosa salida de los campos de exterminio. ¿Cómo puede salir algo bueno del infierno? El miedo constante a que me sacaran en cualquier momento de la fila o de los barracones para arrojarme a la cámara de gas, el humo oscuro que emanaba de las chimeneas, un recuerdo omnipresente de todo lo que había perdido y podía perder. No tenía ningún control sobre las absurdas y atroces circunstancias. Pero podía concentrarme en lo que tenía en la cabeza. Podía responder, no reaccionar. Auschwitz me brindó la oportunidad de descubrir mi fuerza interior y el poder de elegir. Aprendí a confiar en partes de mí misma que nunca habría sabido que estaban ahí.

Todo el mundo tiene esta capacidad de elegir. Cuando no nos llega nada provechoso o positivo del exterior, es precisamente el momento en que podemos descubrir quiénes somos en realidad. No es lo que nos sucede lo que más importa, sino lo que hacemos con nuestras experiencias.

Cuando nos evadimos de nuestras cárceles mentales, no solo nos liberamos de lo que nos ha estado reteniendo, sino que somos libres de ejercer nuestro libre albedrío. La primera vez que reparé en la diferencia entre libertad negativa y positiva fue el día de la liberación en Gunskirchen. Era mayo del año 1945 y yo tenía diecisiete años. Estaba tirada sobre el lodo, encima de un montón de gente muerta o al borde de la muerte, cuando la 71.ª de Infantería llegó para liberar el campo. Recuerdo las miradas conmocionadas de los soldados, que se cubrían la cara con pañuelos para protegerse del hedor de la carne en descomposición. En esas primeras horas de libertad vi a mis antiguos compañeros salir por las puertas del campo, al menos los que podían caminar. Momentos después, regresaban y se sentaban con indiferencia sobre la hierba húmeda o el sucio suelo de los barracones, incapaces de seguir adelante. Viktor Frankl apreció el mismo fenómeno cuando las fuerzas soviéticas liberaron Auschwitz. Ya no estábamos encarcelados, pero muchos de nosotros aún no éramos capaces, física o mentalmente, de reconocer nuestra libertad. Estábamos tan corroídos por la enfermedad, el hambre y el trauma que no éramos capaces de asumir el mando de nuestras vidas. Apenas recordábamos cómo ser nosotros mismos.

Por fin nos habían liberado de los nazis. Pero todavía no éramos libres.

Ahora reconozco que la cárcel más perjudicial está en nuestra mente y que tenemos la llave en el bolsillo. No importa lo grave que sea nuestro sufrimiento o lo sólidos que sean los barrotes, una persona puede liberarse de todo lo que la retenga.

No es fácil. Pero vale muchísimo la pena.

La bailarina de Auschwitz narra mi periplo desde el encarcelamiento a la liberación y, luego, hasta la auténtica libertad. Me asombró y conmovió la acogida internacional del libro, así como todos los lectores que compartieron sus relatos de cómo habían afrontado su pasado y cómo se habían esforzado para curar el dolor. Pudimos ponernos en contacto, a veces en persona, a veces por correo electrónico, a través de las redes sociales o de videollamadas, y muchas de las historias que me contaron forman parte de este libro. (Se han cambiado los nombres y otros detalles para proteger la privacidad.)

En ese libro dije que no quería que la gente leyera mi historia y pensara «Mi sufrimiento no se puede comparar con el suyo». Quiero que la gente oiga mi historia y piense «Si ella puede, ¡yo también!». Muchas personas me han pedido un manual práctico de la curación que he practicado, tanto con mi propia vida como con mis pacientes, a lo largo de mi trayectoria clínica. *En Auschwitz no había Prozac* es ese libro.

En cada capítulo indago en una cárcel habitual de la mente, describiendo sus efectos y desafíos. Lo hago mediante historias de mi vida y de mi labor clínica, y acabo dando unas claves para liberarnos de esa cárcel mental. Algunas de estas claves son preguntas que se podrían usar como inspiración para escribir en un diario o para debatir con un amigo de confianza o un terapeuta; otras son pasos que pueden dar ahora mismo para mejorar su vida y sus relaciones. Aunque la curación no es un proceso lineal, he organizado los capítulos deliberadamente en una secuencia que refleja el arco de mi propio camino a la libertad. Aun así, los capítulos son independientes y se pueden leer en cualquier orden. Cada uno es el capitán de su propio viaje y te invito a usar el libro como más te convenga.

También ofrezco tres puntos de partida para embarcarte en el camino a la libertad.

No cambiamos hasta que estamos listos. A veces es un suceso funesto —tal vez un divorcio, un accidente, una enfermedad o una muerte— el que nos obliga a hacer frente a lo que no funciona e intentar otra cosa. A veces, el dolor que sentimos en nuestro fuero interno o la nostalgia frustrada se vuelven tan intensos e insistentes que somos incapaces de seguir ignorándolo un segundo más. Pero la preparación no viene de fuera, ni se puede acelerar o forzar. Una persona está preparada cuando lo está, cuando algo cambia dentro de ti y decides: «Hasta ahora he hecho esto. A partir de ahora, haré esto otro».

> NO CAMBIAMOS HASTA QUE ESTAMOS LISTOS.

El cambio consiste en interrumpir los hábitos y patrones que ya no nos sirven. Si quieres cambiar tu vida de forma significativa, no te limitas a abandonar un hábito o una creencia disfuncional; lo sustituyes por uno saludable.

Tú eliges hacia dónde avanzas. Encuentra una flecha y síguela. Cuando emprendas el viaje, es importante reflexionar no solo sobre aquello de lo que te gustaría liberarte, sino también sobre aquello que te gustaría hacer, o en lo que te gustaría convertirte, siendo libre.

> EL CAMBIO CONSISTE EN INTERRUMPIR LOS HÁBITOS Y PATRONES QUE YA NO NOS SIRVEN

Por último, cuando cambias tu vida, no es para convertirte en el nuevo tú. Es para convertirte en el verdadero tú, el diamante único que no volverá a existir jamás y que no se podrá reemplazar. Todo lo que te ha pasado, todas las decisiones que has tomado hasta ahora, todas las formas en que has intentado lidiar con las cosas..., todo importa y todo es útil. No hace falta que hagas borrón y cuenta nueva. Sea lo que sea lo que hayas hecho, te ha llevado hasta aquí, hasta este momento.

La clave definitiva de la libertad está en seguir convirtiéndote en la persona que eres en realidad.

> CUANDO CAMBIAS TU VIDA ES PARA CONVERTIRTE EN EL VERDADERO TÚ.

CAPÍTULO 1

¿Y AHORA QUÉ?

La cárcel del victimismo

En mi experiencia, las personas que son víctimas se preguntan «¿Por qué a mí?»; las que son sobrevivientes se preguntan «¿Y ahora qué?».

El sufrimiento es universal, pero el victimismo es opcional. Es inevitable sentirse herido u oprimido por otras personas o circunstancias. Podemos dar por sentado que, por más afables que seamos o por más que nos esmeremos, vamos a padecer dolor. Nos van a afectar factores ambientales y genéticos sobre los cuales tenemos poco o ningún control. Pero todos podemos elegir si seguir siendo víctimas o no. No podemos elegir qué nos pasa, pero sí podemos elegir cómo responder a nuestra experiencia.

Muchas personas permanecemos en una cárcel de victimismo porque, en nuestro subconsciente, parece más segura. Nos preguntamos por qué una y otra vez, creyendo que, si pudiéramos averiguar la razón, el dolor remitiría. ¿Por qué me enfermé de cáncer? ¿Por qué perdí el trabajo? ¿Por qué mi pareja tuvo una aventura? Buscamos respuestas, intentamos comprender, como si hubiera una razón lógica que explicara por qué las cosas tomaron el rumbo que tomaron. Pero, cuando preguntamos por qué, nos quedamos atascados buscando alguien o algo al que culpar, incluidos nosotros mismos.

¿Por qué me pasó esto a mí?

Quiero decir, ¿por qué no a ti?

Quizás fui a Auschwitz y sobreviví para poder hablar contigo ahora, para poder servir de ejemplo de cómo ser una sobreviviente, en vez de una víctima. Cuando pregunto «¿Y ahora qué?», en lugar de «¿Por qué a mí?», dejo de ofuscarme con el motivo por el que pasó —o está pasando— esta cosa mala y empiezo a prestar atención a lo que puedo hacer con mi experiencia. No estoy buscando un salvador ni un chivo expiatorio. Antes bien, empiezo a sopesar las elecciones y posibilidades.

Mis padres no pudieron elegir cómo terminar su vida. Pero yo sí tengo muchas opciones. Me puedo sentir culpable por sobrevivir, mientras que muchos millones, como mi madre y mi padre, fallecieron. O puedo elegir vivir, trabajar y curarme para liberarme del lastre del pasado. Puedo abrazar mi fuerza y libertad.

El victimismo es el *rigor mortis* de la mente. Está anclado en el pasado, anclado en el dolor y en las pérdidas y escaseces: lo que no puedo hacer y lo que no tengo.

Esta es la primera escotilla para salir del victimismo: afronta lo que sea que te esté pasando con una actitud gentil. No significa que tenga que gustarte lo que sucede. Pero cuando dejas de pelear y resistirte, tienes más energía e imaginación para plantearte «¿Y ahora qué?». Para seguir adelante, en vez de quedarte inmóvil. Para descubrir lo que quieres y necesitas ahora mismo y a dónde quieres ir a partir de ahí.

Cada acto satisface una necesidad. Muchas personas decidimos seguir siendo víctimas porque nos legitima para no hacer nada a título propio. La libertad tiene un precio. Tenemos que responder de nuestra propia conducta y asumir responsabilidades, incluso en situaciones que no provocamos o elegimos.

La vida está llena de sorpresas.

Unas semanas antes de Navidad, Emily —una mujer de cuarenta y cinco años con dos hijos y felizmente casada desde hacía once años— se sentó con su marido después de acostar a los niños. Iba a sugerirle ver una película cuando él la miró y dijo con parsimonia las palabras que iban a destrozarle la vida.

—Conocí a alguien —dijo—. Estamos enamorados. Creo que nuestro matrimonio se acabó.

Emily se quedó petrificada, hundida. Y entonces llegó la siguiente sorpresa: tenía cáncer de mama, un tumor enorme que había que tratar urgentemente con quimioterapia agresiva. Durante las primeras semanas de tratamiento se sentía paralizada. Su marido aplazó la discusión sobre su situación matrimonial durante los meses en que ella recibía la quimio, pero Emily estaba aturdida.

—Pensaba que mi vida se había acabado —dijo—. Pensaba que era una muerta en vida.

Pero cuando hablé con ella ocho meses después de su diagnóstico, acababan de operarla y le habían dado otra noticia inesperada: el cáncer había remitido por completo.

—Nadie lo habría podido prever —comentó—. Es un auténtico milagro.

Ahora ya no tiene cáncer, pero marido tampoco. Después de terminar la quimio, él le dijo que la decisión era firme y que había rentado otro departamento. Quería el divorcio.

—Tenía tanto miedo a morir... —me confesó Emily—. Ahora tengo que aprender a vivir.

Está muy angustiada por sus hijos, por la herida de la traición, por su situación financiera y por la soledad, tanto que parece que se haya caído por un precipicio.

—Todavía me cuesta horrores decir sí a mi vida —dijo.

El divorcio ha hecho realidad su peor temor, un miedo al abandono profundamente arraigado que ha abrigado desde que tenía cuatro años, cuando su madre entró en una depresión clínica. Su padre no habló de la enfermedad de su madre. Se refugió en su trabajo y dejó a Emily sola ante la adversidad. Más tarde, cuando su madre se suicidó, confirmó lo que ya sabía pero que trataba de evitar: que la gente a la que amas desaparece.

—Siempre he estado en relaciones —dijo—, nunca he aprendido a ser feliz sola, conmigo misma, a amarme a mí misma. —Su voz se quiebra cuando pronuncia estas palabras: amarme a mí misma.

Yo suelo decir que tenemos que dar raíces a nuestros hijos, y también alas. Tenemos que hacer lo mismo por nosotros. Una persona se tiene solo a sí misma. Nace sola. Muere sola. O sea que cuando te levantes por la mañana ve al espejo, mírate a los ojos y di: «Te quiero». Di: «No te abandonaré jamás». Abrázate. Bésate. ¡Inténtalo!

Y luego sigue cuidándote todo el día, cada día.

—¿Pero qué hago con mi marido? —preguntó Emily—. Cuando nos vemos, parece totalmente calmado y relajado. Está contento con su decisión. Pero yo no puedo contener las emociones. Empiezo a llorar. Cuando lo veo pierdo el control de mí misma.

—Si quieres, puedes controlarte —le dije—, pero tienes que querer. Y yo no puedo obligarte. No tengo ese poder. Tú sí. Decídete. Tal vez tengas ganas de gritar y de llorar, pero no lo hagas si no es lo que más te conviene.

A veces solo hace falta una frase para señalar el camino para escapar del victimismo: ¿me conviene?

¿Me conviene acostarme con un hombre casado? ¿Me conviene comer un trozo de pastel de chocolate? ¿Me conviene darle un puñetazo a mi marido en el pecho porque me engañó? ¿Me conviene salir a bailar? ¿Ayudar a una amiga o a un amigo? ¿Me quita fuerzas o me las da?

Otra vía para escapar del victimismo es aprender a convivir con la soledad. Es lo que la mayoría de las personas tememos más que a nada. Pero, cuando una se quiere a sí misma, estar sola no significa estar en soledad.

—Quererte a ti misma también es bueno para los niños —le dije a Emily—. Cuando les demuestras que nunca te perderás a ti misma, les demuestras que ellos tampoco te van a perder. Que estás aquí ahora. Así pueden vivir su vida, sin que tengas que preocuparte por ellos, ellos por ti, etc. Preocupaciones y más preocupaciones. Diles a tus hijos y a ti misma: «Estoy aquí. Me cuido por ustedes». Les darás (y te darás a ti misma) lo que nunca has tenido: una madre sana.

Cuando empezamos a querernos, empezamos a zurcir los agujeros de nuestro corazón, los boquetes que pensamos que nunca se taparán. Y empezamos a descubrir cosas. «¡Ajá! —aprendemos a decir—, antes no lo veía así.» Le pregunté a Emily qué cosas había descubierto en los últimos ocho meses de crisis. Se le iluminaron los ojos.

—He descubierto cuántas personas maravillosas tengo a mi alrededor: familiares, amigos, personas que antes no conocía y con quienes he trabado amistad durante la terapia. Cuando me dijeron que tenía cáncer, pensé que mi vida se había acabado. ¡Ahora he conocido a tanta gente! He aprendido que puedo luchar, que soy fuerte. He tardado cuarenta y cinco años en aprender eso, pero ahora tengo suerte de saberlo. Mi nueva vida ya está comenzando.

Cada persona puede encontrar fuerza y libertad aun en las circunstancias más terribles. Cariño, quien manda eres tú, o sea que manda. No seas como Cenicienta, que esperó en la cocina a que llegara un tipo con un fetiche por los pies. No existen los príncipes ni las princesas. Todo el amor y el poder que necesitas están dentro de ti. Así que escribe lo que quieres conseguir, el tipo de vida que quieres vivir, el tipo de acompañante que quieres. Cuando salgas, triunfa. Júntense con un grupo de gente que tenga problemas similares, en el que puedan cuidarse mutuamente, y comprométanse con algo mayor que ustedes mismos. Y muestren curiosidad. ¿Y luego qué? ¿Qué pasará?

Nuestras mentes encuentran mil maneras brillantes de protegernos. El victimismo es un escudo tentador porque sugiere que, si eludimos cualquier culpa, nos dolerá menos. Mientras Emily siguiera identificándose como la víctima, podría pasar toda la culpa y la responsabilidad por su bienestar a su exmarido. El victimismo ofrece una falsa tregua postergando el crecimiento. Cuanto más tiempo nos quedemos ahí, más difícil será escapar.

—No eres una víctima —le dije a Emily—. No es lo que eres, es lo que te hicieron.

Nos pueden herir y acusar. Somos responsables e inocentes. Podemos renunciar al segundo premio que nos aporta el victimismo para hacernos del primer premio: crecer, curarnos y seguir adelante.

El auténtico motivo para escapar del victimismo es poder afrontar el resto de nuestras vidas. Barbara estaba intentando sortear este escollo cuando me vino a ver, un año después de la muerte de su madre. Parecía joven para tener sesenta y cuatro años. Tenía la piel suave y una larga cabellera rubia con mechas. Pero parecía tener una carga muy pesada oprimiéndole el pecho y sus grandes ojos azules rebosaban de dolor.

Había tenido una relación complicada con su madre, así que su dolor también era complicado. Su madre había sido una mujer exigente y controladora y en ocasiones había afianzado el victimismo de Barbara, haciendo hincapié en problemas como las malas calificaciones y las rupturas, con lo que había alimentado la idea de Barbara de que era una fracasada y una inútil que nunca llegaría a nada. En ciertos aspectos, era un alivio ser libre de la opinión distorsionada y crítica de su madre. Pero también se sentía agitada. Hacía poco se había lastimado la espalda y había tenido que dejar el trabajo que tanto le gustaba en una cafetería local. Le costaba dormir por la noche y su cabeza no paraba de dar vueltas a varias preguntas. ¿Se me acaba el tiempo? ¿En qué he fracasado? ¿Qué he hecho que me haga digna de ser recordada? ¿Cuál es el resultado de mi vida?

> EL AUTÉNTICO MOTIVO PARA ESCAPAR DEL VICTIMISMO ES PODER AFRONTAR EL RESTO DE NUESTRAS VIDAS.

—Me siento triste, ansiosa e insegura —dijo—. No consigo encontrar la paz.

Esto es algo que detecto a menudo en mujeres de mediana edad que acaban de perder a su madre. A nivel emocional, sigue habiendo cuentas pendientes en la relación y la muerte impide que se puedan arreglar de forma definitiva.

—¿Has liberado a tu madre del pasado? —le pregunté.

Barbara negó con la cabeza y se derrumbó con los ojos bañados en lágrimas.

Las lágrimas son positivas. Significa que nos han clavado una verdad emocional relevante. Si hago una pregunta que hace llorar a mi paciente, es como encontrar una mina de oro. Hemos dado con una tecla esencial. Con todo, el momento de la liberación es tan vulnerable como profundo. Me incliné y esperé tranquilamente.

Barbara se secó los ojos y, vacilante, tomó un largo respiro.

—Me gustaría preguntarte una cosa —dijo—. Es sobre un recuerdo de cuando era niña que no paro de reproducir en mi mente.

Le pedí que cerrara los ojos mientras describía el incidente, que lo narrara en presente, como si estuviera ocurriendo en ese mismo momento.

—Tengo tres años —empezó a explicar—; estamos todos en la cocina. Mi padre está sentado a la mesa. Mi madre está de pie delante de mí y de mi hermano mayor. Está enojada. Nos coloca uno al lado del otro y dice: «¿A quién prefieren, a mí o a su padre?». Mi padre lo está viendo y rompe a llorar. Dice: «No hagas esto. No les hagas esto a los niños». Yo quiero decir que prefiero a mi padre; quiero acercarme a él, sentarme en su regazo y abrazarlo. Pero no puedo hacer eso. No puedo decir que lo quiero o haré rabiar a mi madre. Me voy a meter en un lío. Así que digo que prefiero a mamá. Y ahora... —Se le quebró la voz y las lágrimas le corrieron por la mejilla—. Ahora me gustaría retractarme.

—Supiste sobrevivir —le dije—. Fuiste viva. Hiciste lo que tenías que hacer para sobrevivir.

—¿Y por qué duele tanto? —preguntó—. ¿Por qué no me puedo olvidar?

—Porque esa chiquilla no sabe que ahora está a salvo. Llévame hasta ella, en la cocina —dije—; dime lo que ves.

Describió la ventana que daba al patio trasero, las flores amarillas en las manijas de la alacena, y explicó que sus ojos llegaban justo a la altura de las perillas del horno.

—Habla con esa niña. ¿Cómo se siente ahora?

—Quiero a mi padre. Pero no lo puedo decir.

—No tienes ningún poder.

Las lágrimas le corrieron por las mejillas hasta llegar a la barbilla. Se las secó y escondió el rostro entre las manos.

—Entonces eras una niña —dije—. Ahora eres una adulta. Acércate a esa niña preciosa y única y sé su madre. Tómala de la mano y dile: «Te voy a sacar de aquí».

Barbara aún tenía los ojos cerrados. Se mecía de lado a lado.

—Tómale la mano —seguí diciendo—, acompáñala a la puerta, baja con ella los escalones de la entrada hasta llegar a la acera. Caminen una manzana, doblen la esquina y dile que ya no está encerrada.

La cárcel del victimismo suele aparecer en la infancia y, aunque seamos adultos, puede condenarnos a sentirnos igual de impotentes que cuando éramos pequeños. Nos podemos liberar del victimismo ayudando a que ese niño interno se sienta seguro y permitiéndole vivir el mundo con la autonomía de un adulto.

Animé a Barbara a seguir llevando de la mano a la chiquita herida. A llevarla de paseo. Enseñarle las flores del parque. Mimarla y amarla hasta el infinito. Darle un helado de cono o un suave osito de peluche para que lo estrujara, lo que más necesitara para sentirse segura.

—Y luego llévala a la playa —dije—. Enséñale a dar patadas a la arena. Dile: «Estoy aquí y ahora nos vamos a enojar». Patea la arena con ella. Grita y chilla. Y luego llévala a casa. No a la cocina, sino a donde vives ahora. El sitio al que siempre acudirás para cuidar de ella.

Barbara continuaba con los ojos cerrados. Tenía la boca y las mejillas más relajadas, pero los ojos aún mostraban una mueca de tensión.

—Esa niña pequeña estaba atrapada en la cocina y necesitaba que la sacaras de ahí —dije—. La has rescatado.

Asintió poco a poco, pero la tensión no abandonaba su rostro.

No había acabado su trabajo en la cocina. Aún había otros que rescatar.

—Tu madre también te necesita —dije—. Todavía está de pie en esa cocina. Ábrele la puerta y dile que ha llegado la hora de que ambas sean libres.

Barbara imaginó que primero se acercaba a su padre, a la mesa donde aún estaba sentado, en silencio y con las mejillas bañadas en lágrimas. Lo besó en la frente y le reveló el amor que había tenido que esconder de pequeña. Luego fue hacia su madre. Le puso una mano en el hombro, la miró a los ojos inquietos e hizo un gesto en dirección a la puerta abierta, al trozo de césped que se veía desde donde estaban. Cuando Barbara abrió los ojos, algo en la cara y en los hombros pareció relajarse.

—Gracias —dijo.

Liberarnos del victimismo significa liberar a otros de los roles que les hemos asignado.

Yo misma tuve ocasión de usar esta técnica hace unos meses. Estaba de gira por Europa y había invitado a mi hija Audrey a acompañarme. Durante sus años de secundaria, cuando nadaba y se entrenaba para los Juegos Olímpicos de la Juventud, se levantaba a las cinco de la mañana para ir a la piscina y tenía el pelo verde de tanta exposición al cloro. Normalmente era su padre quien la acompañaba a las competencias de natación por todo Texas y el suroeste del país. Así fue como Béla y yo habíamos podido afrontar las obligaciones que nos imponían nuestras carreras y nuestros tres hijos; habíamos sido socios y nos habíamos repartido las responsabilidades. Pero esto significaba que los dos nos perdíamos cosas. Viajar con Audrey ahora no podía compensar el tiempo que habíamos perdido en su infancia. Aun así, parecía una forma satisfactoria de cumplir con los dictados de nuestra relación. Además, ¡esta vez yo era la que necesitaba un fusil!

Fuimos a los Países Bajos y luego a Suiza, donde devoramos milhojas tan deliciosos y dulces como los que mi padre solía llevarme furtivamente tras haber pasado la noche jugando billar. Yo había vuelto a Europa muchas veces desde la guerra, pero me hizo un bien increíble estar allí, tan cerca de mi niñez y de mi trauma, con mi espléndida hija, compartir silencios y conversaciones, escucharla hacer planes para embarcarse en una segunda carrera como asesora en temas de dolor y de liderazgo. Una noche, después de dar un discurso a una sala llena de ejecutivos internacionales en una escuela de negocios en Lausana, alguien me sorprendió preguntándome cómo era viajar con Audrey.

Busqué las palabras para expresar bien lo especial que era pasar ese tiempo con ella. Mencioné que, en las familias con hijos, los del medio solían recibir menos atención. Audrey había sido criada mayormente por su hermana mayor, Marianne, mientras yo corría con su hermano pequeño, John, por todo El Paso —y llegando hasta Baltimore— en busca de terapias para ciertos retrasos en el desarrollo que no tenían diagnóstico y que nos preocupaban mucho. John se acabaría titulando en la Universidad de Texas como uno de los diez mejores alumnos de su grupo y ahora es un reputado líder civil y defensor de las personas con discapacidad. Estaré eternamente agradecida por la ayuda vital que recibió de diversos expertos y por las intervenciones que se le hicieron. Pero siempre me he sentido culpable por varias cosas: por el modo en que las necesidades especiales de John monopolizaron mi atención e interrumpieron la infancia de Audrey; por los seis años de diferencia entre Marianne y Audrey; por el peso que mi propio trauma depositó sobre mis hijos. Decir esto de improviso, en público, fue catártico para mí. Me sentó bien reconocerlo y pedir perdón.

Pero la mañana siguiente, en el aeropuerto, Audrey me hizo frente.

—Mamá —dijo—, tenemos que cambiar el relato de quién soy. Yo no me veo como una víctima. Necesitaría que dejaras de verme así.

Sentí una opresión en el pecho y la necesidad imperiosa de defenderme. Pensaba que la había estado retratando como una sobreviviente, no como una víctima. Pero tenía toda la razón. Al intentar superar mi propia culpa, le había impuesto el papel de la niña olvidada. Nos solía asignar un papel a cada una: yo era la culpable, Audrey era la víctima, y Marianne, la salvadora. (O, en otra versión de la misma historia, yo otorgaba a John el papel de víctima, yo era la salvadora, y Béla, con quien estaba enojadísima durante esos años, el culpable.) En las relaciones y las familias, el papel de víctima suele ir rotando de persona en persona. Pero no puede haber víctima sin culpable. Cuando seguimos siendo una víctima o asignamos a otra persona ese papel, afianzamos y perpetuamos el daño. Al poner el acento en lo que Audrey no había tenido al crecer, estaba minando su fuerza de sobreviviente, su capacidad para ver cualquier experiencia como una oportunidad para crecer. Y me estaba condenando a mí misma a una cárcel de culpa.

La primera vez que vi en acción este cambio de perspectiva fue como pasante clínica en el hospital militar William Beaumont, a mediados de los setenta. Un día me asignaron dos nuevos pacientes. Ambos eran veteranos de Vietnam, parapléjicos con una lesión en la zona lumbar de la médula espinal. Era improbable que volvieran a caminar. Su diagnóstico y pronóstico era idéntico, pero mientras el primero pasaba horas enteras acurrucado en posición fetal en su cama, lleno de ira y maldiciendo a Dios y a su país, el otro prefería levantarse de la cama y sentarse en la silla de ruedas.

—Ahora lo veo todo distinto —me contó—. Mis hijos vinieron a verme ayer y, ahora que ando en esta silla de ruedas, quedo mucho más cerca de sus ojos.

No le alegraba ser minusválido, no poder tener relaciones sexuales, no saber si iba a poder volver a echar una carrera con su hija o si podría bailar en la boda de su hijo. Pero era consciente de que su lesión le había aportado una nueva perspectiva. Y podía elegir verla como una fuente de limitación e incapacidad o como una nueva fuente de crecimiento.

Más de cuarenta años después, en la primavera de 2018, vi a mi hija Marianne tomar una decisión similar. De viaje por Italia con su marido, Rob, tropezó con unos escalones de piedra y se cayó de cabeza. Sufrió un traumatismo craneoencefálico y durante dos semanas no sabíamos si sobreviviría. O, en caso de que sobreviviera, qué persona sería. ¿Podría hablar? ¿Recordaría a sus hijos, a sus tres hermosos nietos, a Rob, a sus hermanos, a mí? En esos días insufribles en que su vida pendía de un hilo, yo acaricié sin parar la pulsera que Béla me regaló cuando nació, una trenza gruesa hecha con tres tipos de oro. Cuando nos fuimos de Checoslovaquia en 1949, me la llevé a escondidas en el pañal de Marianne. Desde entonces la he llevado cada día, como talismán de la vida y el amor que brotan incluso en circunstancias de destrucción y muerte, un recuerdo de que sí se puede sobrevivir contra todo pronóstico.

Para mí, no hay ningún sentimiento peor que el del miedo mezclado con la impotencia. Estaba desolada por el sufrimiento de Marianne y tenía miedo de que fuéramos a perderla. Y no se podía hacer nada concreto para ayudarla, curarla o impedir lo peor. Invadida por el miedo, empezaba a proferir su diminutivo húngaro, «Marchuka, Marchuka», hilando las sílabas como si estuviera rezando. Me di cuenta de que es lo que había hecho en Auschwitz bailando para Josef Mengele. Retraerme en mí misma. Creé un santuario dentro de mí, un lugar para mantener a salvo mi espíritu de toda la vorágine de amenaza e incertidumbre.

Milagrosamente, Marianne sobrevivió. No recuerda las

primeras semanas después de la caída. Tal vez ella también se retrotrajo en sí misma. De algún modo —gracias a una excelente atención médica, al apoyo incondicional y la presencia constante de su marido y su familia, a sus propios recursos internos—, recuperó pasito a pasito la función física y cognitiva y recordó los nombres de sus hijos. Al principio le costaba tragar y tenía el sentido del gusto alterado. Yo le cocinaba un plato detrás de otro, decidida a probar todas las comidas que le encantaban. Un día me pidió que le preparara *plăcintă*, un plato de papa con chucrut y *bryndza*, un queso artesanal checo. ¡Era el plato del que yo me había atascado cuando estuve embarazada de ella! Al ver cómo daba el primer bocado y sonreía, en mi fuero interno supe que se recuperaría.

En solo un año y medio, su mejora ha sido extraordinaria. Ahora vive y trabaja igual que antes del accidente, con vigor, brillantez, creatividad y pasión.

Aunque muchos aspectos de su recuperación escapan de su control, son difíciles de explicar o son cuestión de suerte, también ha tomado decisiones que sé que la han ayudado a sanar. Cuando estás en una posición vulnerable y tu energía es limitada, es vital elegir cómo invertir el tiempo. Marianne ha escogido pensar como una sobreviviente: pone el acento en lo que debe hacer para seguir mejorando; escucha a su cuerpo para saber cuándo es la hora de descansar; y se siente agradecida por tener salud y por todas las personas que la están ayudando a recuperarse. Cuando se despierta por la mañana, se pregunta: «¿Hoy qué voy a hacer? ¿Cuándo haré los ejercicios de mi terapia? ¿En qué proyectos quiero trabajar? ¿Qué necesito para cuidarme?».

La actitud no lo es todo. No podemos eliminar los malos momentos o curarnos solo con pensarlo. Pero el modo en que invertimos nuestro tiempo y energía mental sí afecta a nuestra salud. Si nos resistimos y clamamos contra lo que estamos experimentando, nos alejaremos del crecimiento y la curación. En vez de eso, podemos reconocer esa cosa terrible que está sucediendo y encontrar la mejor manera de convivir con ella.

Esto es especialmente cierto cuando nuestro proceso de curación encuentra reveses o escollos. Normalmente, tras un traumatismo cerebral los pacientes no saben hacer muchas de las cosas que antes solían hacer sin despeinarse. Marianne todavía está haciendo grandes esfuerzos por recuperar todas las redes neuronales que quedaron dañadas tras la caída. Se cansa cuando está mucho tiempo de pie o caminando y le cuesta encontrar las palabras. Exceptuando las primeras semanas de recuperación, sus recuerdos están intactos, pero a veces no consigue recordar cómo se llaman las cosas: el nombre de un país que ha visitado o el de una verdura que quiere comprar en el mercado. Ha tenido que aprender nuevos métodos para hacer lo que antes hacía con los ojos cerrados. Cuando se prepara para un discurso, no puede anotar tres puntos y confiar en que su cerebro recuerde las conexiones y rellene los huecos, como antes de la lesión. Ahora tiene que redactar todo el discurso, cada palabra y cada transición.

Pero, curiosamente, en otras cosas se muestra más flexible e innovadora. Siempre ha sido una fantástica cocinera, llegando a tener una columna de gastronomía en un periódico de San Diego. Sin embargo, desde su accidente ha tenido que volver a aprender a cocinar. En el proceso, ha inventado nuevas recetas y hace lo mismo que antes de una forma renovada. Ahora vive con Rob en Manhattan, pero en verano pasan todo el tiempo que pueden en La Jolla, donde yo vivo. Este último verano quiso prepararme una sopa de guindas fría igual que la que había hecho para una cena de fiesta en Nueva York. Trajo un puñado de guindas y se releyó dos viejos libros de recetas húngaros, pero al final dejó los libros y lo hizo a su manera: preparó la sopa en frío, en vez de calentarla y luego enfriarla, añadiendo tres tipos diferentes de fruta. Sin las constantes adaptaciones que ha tenido que hacer desde el accidente, seguramente habría hecho la sopa igual que antes. Pero en vez de eso se prestó a reinventarse —algo a lo que la ha obligado su lesión— y se dejó llevar para hacer algo nuevo. ¡Y estaba riquísima!

A veces veo en sus ojos cuánto le cansa y le frustra tener que esforzarse tanto por cosas que antes había dado por sentadas. Pero también se ha adaptado a las circunstancias.

—Es extraño —me dijo—, pero me siento intelectualmente viva, aunque de un modo diferente. —Se le iluminó la cara como cuando había aprendido a leer de niña—: A decir verdad, en cierta medida es divertido y emocionante.

Esta experiencia no es rara en personas que han sobrevivido a lesiones similares. El neurólogo de Marianne le contó que, después de sufrir un traumatismo cerebral grave, algunos pacientes suyos habían descubierto que sabían dibujar o pintar cuando nunca habían demostrado ningún talento para el arte, y que lo hacían muy bien. Cuando

EN CADA CRISIS
HAY UNA TRANSICIÓN.

las vías neuronales se rompen o se reconfiguran, hay algo allí que permite a muchos sobrevivientes descubrir dones que nunca habían tenido o que no sabían que poseían.

Qué bonito recordatorio de que las cosas que interrumpen nuestra vida, que nos paran en seco, también pueden allanar el camino a una identidad emergente, herramientas que nos muestran una nueva manera de ser, que nos aportan una nueva visión.

Por esto digo que en cada crisis hay una transición. Las tragedias suceden y nos duelen en el alma. Y estas experiencias desoladoras también brindan la oportunidad de reagruparse y decidir qué queremos para nuestra vida. Cuando decidimos responder a lo que ha pasado avanzando y descubriendo nuestra libertad, nos evadimos de la cárcel del victimismo.

Claves para liberarte del victimismo

- **Eso fue entonces, estamos en el presente.** Piensa un segundo en la niñez o la adolescencia, cuando te sentiste herido por las acciones de otra persona, fueran estas graves o nimias. Intenta pensar en un momento específico, no en una impresión generalizada de esa relación o de ese periodo. Imagina el momento como si lo estuvieras viviendo de nuevo. Presta atención a los detalles sensoriales: imágenes, sonidos, olores, sabores, sensaciones físicas. Luego concíbete a ti mismo como eres ahora. Imagínate entrar en ese momento del pasado y tomarte de la mano a ti mismo. Aléjate del lugar en el que te hirieron, lejos del pasado. Dite a ti mismo lo siguiente: «Estoy aquí. Voy a cuidar de ti».

- **En cada crisis hay una transición.** Escribe una carta a una persona o una situación que te haya causado daño recientemente o en el pasado. Sé específico con lo que hizo esa persona, o con lo que pasó que no te gustó. Sácalo todo y ponlo encima de la mesa. Explica cómo te afectaron las acciones, las palabras o los hechos. Después escribe otra carta a la misma persona o situación, pero esta vez que sea de agradecimiento, expresando gratitud por lo que esa persona te ha enseñado sobre ti o por cómo la situación te ha impulsado a crecer. El propósito de la carta de agradecimiento no es fingir que te gusta algo que no te gusta, o forzarte a ser feliz con algo doloroso. Admite que lo que pasó estuvo feo y que te dolió. Y date cuenta también de cuánto te puede curar el cambiar

41

tu autoimagen de víctima impotente a la persona que eres realmente: una sobreviviente, una persona fuerte.

- **Saca provecho de tu libertad.** Prepara un tablero de inspiración, una representación visual de lo que quieres crear o adoptar en tu vida. Recorta fotos y palabras de revistas, viejos calendarios, etc. No hay reglas, limítate a descubrir qué te atrae. Pega las imágenes y palabras a una cartulina o a un pedazo grande de cartón. Observa qué patrones se materializan. (Esta es una actividad maravillosa que hacer con amigos íntimos... ¡mientras se dan un buen festín!) Guarda el tablero de inspiración cerca y échale un vistazo cada día. Déjate guiar por esta creación intuitiva, como si fuera un faro.

CAPÍTULO 2

—

EN AUSCHWITZ NO HABÍA PROZAC

La cárcel de la evasión

Un día, cuando Marianne tenía cinco años y estábamos viviendo en un pequeño departamento de Baltimore, llegó del colegio llorando porque no la habían invitado a una fiesta de cumpleaños. Estaba desolada, tenía la cara roja de la emoción y las mejillas bañadas en lágrimas. Yo no tenía ni idea de cómo abordar los sentimientos; era incapaz de dejarla tener sus propios sentimientos. En aquel entonces, yo estaba en una fase de negación total respecto a mi pasado. No hablaba nunca de Auschwitz. Mis propios hijos no supieron que era una sobreviviente hasta que Marianne empezó a ir a la preparatoria y encontró un libro sobre el Holocausto. Cuando le enseñó a su padre las fotos de personas famélicas y esqueléticas en Auschwitz y exigió saber qué terrible calamidad había sucedido para que hubiera personas muriendo detrás de una valla de alambre de espino, me rompió el corazón oír cómo le contaba que yo había estado presa ahí. Me escondí en el baño, sin saber cómo mirar a mi hija a los ojos.

Cuando Marianne llegó llorando a casa de la guardería, su tristeza me apenó y me incomodó. Así que la tomé de la mano y la acompañé a la cocina para prepararle una malteada de chocolate. Le di un trozo grande de pastel de

43

chocolate húngaro, de siete capas. Esa fue mi solución: come algo dulce. Cura tu malestar con comida. La comida era mi respuesta ante todo. (Especialmente el chocolate. Y especialmente el chocolate húngaro, porque no solo lleva mantequilla, sino que es mantequilla batida sin sal. Si quieres hacer un plato húngaro, el que sea, ¡no le eches nunca sal a la mantequilla!)

Entonces no lo sabía, pero, cuando privamos a nuestros hijos del sufrimiento, los anulamos. Pero un sentimiento solo es un sentimiento. No es bueno o malo. Solo están mi sentimiento y el tuyo. Es más inteligente no intentar convencer a los demás para que dejen de sentirse como se sienten, o intentar animarlos. Es mejor dejarlos sentirse como se sientan y hacerles compañía, decirles: «Cuéntame más». Hay que procurar no caer en lo que yo les decía a mis hijos cuando estaban disgustados porque alguien les había tomado el pelo o los había dejado de lado: «Sé cómo te sientes». Es mentira. Nunca puedes saber cómo se siente otra persona. No te está pasando a ti. Hay que mostrar empatía y apoyar a la gente, no ponerte en su piel como si fuera tu propia vida. Esa es solo otra manera de privar a los demás de su experiencia y de condenarlos a seguir atascados.

Me gusta recordar esto a mis pacientes: lo contrario de la depresión es la expresión.

Lo que sacas no te puede afligir; lo que te guardas para ti, sí.

Hace poco hablé con un buen hombre que trabaja como orientador infantil en el sistema de adopción canadiense. Ayuda a jóvenes que se lamentan por haber perdido a la familia, la seguridad y la red que mucha gente no llega ni siquiera a tener. Le pregunté qué le motiva en su trabajo y me habló de una conversación que tuvo con su padre, que se estaba muriendo de cáncer:

—¿Por qué crees que tienes cáncer? —le había preguntado.

—Porque no he aprendido nunca a llorar —había respondido su padre.

Por descontado, hay muchos factores que intervienen en la propensión de cada persona a estar sana o caer enferma. Y cuando nos culpamos de nuestras enfermedades o lesiones, nos estamos haciendo un daño tremendo. Pero hay algo incuestionable: las emociones que no nos permitimos expresar o soltar se quedan reprimidas, y sea lo que sea aquello a lo que nos aferramos afecta a la química de nuestro cuerpo y se expresa en nuestras células y nuestra red neuronal. En Hungría hay un dicho que reza: «No aspires la ira». Aferrarse a los sentimientos y guardarlos bajo llave puede resultar perjudicial.

A largo plazo, intentar proteger a otros o a nosotros mismos de nuestros sentimientos es inútil. Pero a muchos nos enseñan desde pequeños a renegar de las respuestas internas; en otras palabras, a renunciar a nuestra identidad genuina. Si un niño dice: «¡La escuela es una mierda!», el padre o la madre contestará: «"Mierda" es una palabra fuerte», o «No digas "mierda"», o «No es para tanto». Si un niño se cae y se raspa la rodilla, un adulto dirá: «¡Estás bien!». Al intentar ayudar a los niños a recuperarse de una pena o dificultad, los adultos afectuosos pueden minimizar lo que está viviendo ese niño, o enseñar sin querer que hay ciertas cosas que está permitido sentir y otras que no. A veces, las señales para cambiar o negar un sentimiento son menos sutiles: ¡Cálmate! Supéralo. No seas llorón.

Más que por lo que decimos, los niños aprenden observando lo que hacemos. Si los adultos crean un entorno doméstico en el que no se puede expresar la ira, o en el que la ira se expresa negativamente, los niños aprenden que los sentimientos intensos no son permisibles o seguros.

Muchos de nosotros tenemos la costumbre de reaccionar, en vez de responder a lo que pasa. A menudo hemos aprendido a escondernos de nuestras emociones: a suprimirlas, medicarnos y huir de ellas.

Uno de mis pacientes, un médico adicto a los medicamentos con receta, me llamó una mañana a primera hora.

—Doctora Eger —dijo—, anoche me di cuenta de una cosa: en Auschwitz no había Prozac.

Tardé un momento en digerir lo que acababa de decir. Hay una gran diferencia entre automedicarse, como estaba haciendo él, y tomar los medicamentos necesarios para salvarse. Pero tenía parte de razón. Había empezado a buscar una vía externa para escapar de sus sentimientos y se había enganchado a fármacos que no necesitaba.

En Auschwitz no había ninguna ayuda externa. Era imposible anestesiar nuestros sentidos, aliviarnos, alejarnos un ratito y olvidar la realidad de torturas, hambre y muerte inminente. Tuvimos que aprender a ser buenos observadores de nosotros mismos y de nuestras circunstancias. Tuvimos que aprender simplemente a ser.

En Auschwitz no recuerdo haber llorado jamás. Estaba demasiado ocupada sobreviviendo. Los sentimientos llegaron más tarde. Y cuando llegaron, durante muchos muchos años me dediqué a evitarlos y a seguir huyendo.

Pero es imposible curar lo que no sientes.

Más de treinta años después de la guerra, mientras trabajaba como especialista en traumas con el Ejército de los

Estados Unidos, me invitaron a formar parte de un comité asesor para prisioneros de guerra. Cada vez que iba a Washington para reunirme con ese comité, alguien me preguntaba si había estado en el Museo Conmemorativo del Holocausto. Yo ya había vuelto a Auschwitz, había pisado el suelo donde me habían separado de mis padres, había

ES IMPOSIBLE CURAR LO QUE NO SIENTES

respirado el aire que acogió sus cuerpos convertidos en humo. ¿Por qué iba a visitar un museo sobre Auschwitz y otros campos de concentración? «Yo ya he estado y lo he visto», pensaba. Estuve en el comité seis años y, durante ese periodo, procuré no poner un pie en el museo. Y entonces, una mañana, estaba sentada a la mesa de caoba de la sala de reuniones y vi mi nombre grabado en una plaquita ante mí. Caí en la cuenta: eso fue entonces, estamos en el presente. Soy la doctora Eger. Yo sobreviví.

Y mientras siguiera evitando el museo, mientras siguiera convenciéndome de que ya había superado el pasado y no necesitaba volver a afrontarlo, una parte de mí seguiría atrapada allí. Una parte de mí no era libre.

Así pues, hice de tripas corazón y visité el museo. Fue tan atroz como me había temido. Cuando vi las fotografías del andén de llegada a Auschwitz en mayo de 1944, me sentí tan desbordada por la emoción que apenas podía respirar. Y entonces llegué al vagón para ganado. Era una réplica de un viejo vagón alemán fabricado para transportar ganado. Los visitantes podían subirse y sentir lo oscuro y sofocante que era el espacio; entender lo que era estar tan hacinado que una se tenía que sentar encima de otras personas; imaginar lo que era compartir una cubeta de agua y una para las necesidades con centenares de personas;

47

imaginar lo que era viajar día y noche sin parar, con una rebanada de pan rancio como único sustento que había que compartir entre ocho o diez prisioneros más. Me quedé fuera del vagón, completamente paralizada. Como una estatua. La gente se amontonó detrás de mí y esperó en silencio y educadamente a que entrara. Tardé muchos minutos en poder hacerlo y, al final, tuve que hacer acopio de todas mis fuerzas para meter pesadamente un pie por la estrecha puerta, y luego el otro.

Por dentro me invadió una oleada de terror y pensé que iba a vomitar. Me hice un ovillo y reviví los últimos días que había visto vivos a mis padres. Recordé el incesante crepitar de las ruedas sobre los rieles. Cuando tenía dieciséis años, no sabía que íbamos a Auschwitz. No sabía que mis padres iban a morir pronto. Tuve que sobreponerme al dolor y la incertidumbre. Pero, por algún motivo, fue más fácil que revivirlo. Esta vez tuve que sentirlo. En Auschwitz no fui capaz de llorar, pero en aquel vagón sí lo hice. Perdí la noción del tiempo. Sentada en la oscuridad con mi dolor, apenas notaba cómo los otros visitantes entraban, compartían la oscuridad y seguían adelante. Me quedé sentada una hora, quizás dos.

Cuando al fin salí, me sentí diferente. Un poco más ligera, como si me hubieran quitado un peso de encima. No se habían ido todo el dolor y todo el miedo. Seguía estremeciéndome con cada fotografía en la que veía una esvástica o la mirada asesina de un oficial de las SS haciendo guardia, pero me había permitido revisitar el pasado y afrontar los sentimientos de los que había estado huyendo durante tantos años.

Hay muchas buenas razones por las que evitamos nuestros sentimientos: son incómodos, o no son los sentimientos que creemos que deberíamos tener, o tenemos miedo de cómo podrían herir a los demás, o nos asusta lo que podrían significar, lo que podrían revelar de las elecciones que hemos hecho, o de las que haremos en adelante.

Pero mientras sigas evadiéndote de tus sentimientos, estarás negando la realidad. Y si intentas cerrar la puerta a algo y decir: «No quiero pensar en eso», te prometo que vas a pensar en ello. Así que abre la puerta a ese sentimiento, siéntate con él y hazle compañía. Y luego decide cuánto tiempo te vas a aferrar a él, porque no eres una persona frágil. Está bien afrontar toda realidad. Deja de luchar y de esconderte. Recuerda que un sentimiento es solo un sentimiento, no es tu identidad.

> UN SENTIMIENTO
> ES SOLO UN SENTIMIENTO,
> NO ES TU IDENTIDAD.

Una mañana de septiembre de hace dieciséis años, Caroline estaba disfrutando de un día tranquilo y en soledad en su casa, en una zona rural de Canadá. De repente llamaron a la puerta, justo cuando iba a poner ropa en la lavadora. Por la ventana vio que era Michael, el primo de su marido. Michael tenía su misma edad, unos cuarenta y pocos, y había tenido muchos problemas en su vida —robos, delitos de poca monta y exceso de drogas—, pero al fin estaba listo para una segunda oportunidad. Aunque hacía poco se había ido a vivir con su novia, Caroline y su marido habían sido los familiares que lo habían acogido para ayudarle a dar un giro a su vida, encontrándole un trabajo y proporcionándole un entorno estable. Se había convertido en una constante en sus vidas, otro adulto de fiar que muchas veces cenaba con Caroline, su esposo y sus tres hijastros.

Aunque quería a Michael y estaba encantada de ayudarle, por un segundo Caroline pensó en fingir que no estaba en casa. Su marido no estaba en la ciudad, los chicos habían regresado por fin al colegio después de las vacaciones de verano y no quería que la visita de Michael interrumpiera todas las cosas que se había propuesto hacer la primera mañana a solas en tres meses. Pero era Michael, un pariente al que quería y que la quería, que confiaba en su familia. Abrió la puerta y lo invitó a pasar a tomar café.

—Los chicos ya regresaron al colegio —dijo ella intentando sacar conversación mientras colocaba las tazas y la leche sobre la mesa.

—Ya lo sé.

—Tom también se fue un par de días.

Fue entonces cuando sacó la pistola. Se la puso en la cabeza y le dijo que se tirara al suelo. Ella se arrodilló al lado del refrigerador.

—¿Qué haces? —dijo—. Michael, ¿qué estás haciendo?

Lo oyó desabrocharse el cinturón y bajarse la braqueta de los pantalones.

Tenía la garganta seca y el corazón le iba a cien. En la universidad había dado una clase de defensa personal y las palabras le brotaron solas, las cosas que le habían enseñado que había que decir en caso de que te atacaran. Di su nombre. Menciona a la familia. Siguió hablando con una voz sorprendentemente segura y regular, hablando sobre los padres de Michael, los niños, las vacaciones en familia, los mejores sitios para pescar.

—Bien, no te voy a violar —dijo al fin. Su voz sonaba de lo más desabrida y despreocupada, como si estuviera diciendo que, pensándolo mejor, no se le antojaba tomar café.

Pero seguía apretando la pistola contra su cabeza. Ella no le podía ver la cara. ¿Estaba drogado? ¿Qué quería? Parecía que lo había planeado, que sabía que la encontraría sola en casa. ¿Le iba a robar?

—Toma lo que quieras —dijo ella—, ya sabes dónde está todo. Tómalo, llévatelo todo.

—Sí —dijo—, eso es lo que voy a hacer.

Sintió cómo se movía, como si fuera a alejarse. Entonces se volvió a quedar quieto, apretando con fuerza la pistola contra su cráneo.

—No sé por qué estoy haciendo esto —dijo.

Un ruido llenó la habitación. Su cabeza empezó a darle punzadas y arder de dolor.

Lo siguiente que recuerda es volver en sí. No sabía cuánto tiempo había estado sin conocimiento sobre el suelo de la cocina. No veía nada. Se intentó levantar, pero había tanta sangre que resbalaba una y otra vez y volvía a caer al suelo. Oyó pasos en la escalera que iba al sótano.

—¿Michael? —gritó—, ¡ayúdame!

No tenía ningún sentido pedir ayuda a la persona que le acababa de disparar, pero fue un acto reflejo. Era de la familia y no había nadie más a quien pedírsela.

—¿Michael? —volvió a llamarle.

Sonó otro disparo y una segunda bala se estrelló contra la parte trasera de su cabeza.

Esta vez no se desmayó, sino que se hizo la muerta. Se quedó tirada en el suelo, intentando no respirar. Oía a Michael andar por la casa. Esperó y esperó, totalmente quieta. Luego oyó cerrarse la puerta trasera, pero ella se quedó en el suelo. Tal vez la estaba poniendo a prueba, engañándola, esperando a que se levantara para poder volver a dispararle. Más que dolor, más que terror, lo que sentía era rabia. ¿Cómo se atrevía a hacerle esto? ¿Cómo osaba dejarla morir, para que los chicos se la encontraran cuando llegaran a casa del colegio? ¿De verdad pensaba que iba a rendirse y morir antes de contarle a alguien quién le había hecho esto? ¡Jamás...! Iba a cerciorarse de que detuvieran a Michael antes de que hiciera daño a alguien más.

Al cabo de un rato reinó el silencio. Abrió los ojos, pero no veía nada. Las balas le debían de haber dañado el cerebro o el nervio óptico. Gateó torpemente por la habitación y se alzó apoyándose en el mostrador de la cocina, palpando en busca del teléfono. Encontró el auricular, pero cada vez que trataba de agarrarlo se le escapaba de las manos. Cuando logró agarrarlo, recordó que no veía y no podía marcar ningún número. Pulsó algunos botones al azar, colgó, volvió a levantar el auricular y lo intentó nuevamente. Pero no conseguía hacerlo funcionar.

Se rindió y se arrastró poco a poco, sin ver a dónde iba y sin saber qué hacer. De vez en cuando veía un destello de luz a través de la nebulosa ceguera. Al fin consiguió seguir la luz hasta la puerta de entrada y salió. Vivían en una parcela de dos hectáreas y el vecino más cercano estaba demasiado lejos para oírla gritar. Tendría que gatear para ir a pedir ayuda. Llegó al camino de entrada a la casa y luego tomó la carretera del municipio, gritando a más no poder. Supo que alguien la había visto cuando oyó a una mujer dar un grito que helaba la sangre, propio de una película de terror. Pronto llegó gente corriendo. Alguien gritó pidiendo una ambulancia. Reconocía la voz de algunos de sus vecinos, pero no parecían saber quién era ella. Se dio cuenta de que tenía la cara tan desfigurada y hecha trizas que no la reconocían. Hablaba rápido, escupiendo los detalles: el nombre de Michael, el color de su coche, la hora aproximada a la que se había presentado en la casa..., todos los detalles que recordaba. Tal vez no fuera a tener otra oportunidad.

—Llamen a mis suegros —dijo jadeando—. Díganles que comprueben que los chicos están bien y en el colegio. Digan a Tom y a los niños que los quiero.

Caroline sabe que sus padres, suegros e hijastros fueron al hospital a despedirse, que su suegro llamó a un cura católico y que su madre trajo a su pastor anglicano. El cura católico le administró la extremaunción.

Semanas más tarde, el cura la fue a ver a casa de los suegros, donde se estaba recuperando, y le dijo:

—No he conocido a nadie que haya regresado.

—¿Regresado de dónde? —preguntó ella.

—Querida —dijo él—, por poco te nos vas al otro barrio.

Es un auténtico milagro que la maravillosa Caroline sobreviviera.

Pero, si has sufrido un trauma y has vivido para contarlo, sabrás que sobrevivir solo es la primera batalla.

La violencia deja una estela larga y terrible. Cuando Caroline me vino a ver unos meses antes de que concedieran a Michael la libertad condicional, habían transcurrido casi dieciséis años desde los disparos, pero las heridas psicológicas aún estaban abiertas.

—Vemos historias en la televisión —dijo Caroline— sobre una persona que sufrió un trauma y vuelve a casa. La gente dice: «Los vamos a traer a casa y los vamos a proteger para que sus vidas puedan seguir adelante». Yo miro a mi marido y digo: «Si supieran lo que es...». Solo por haber sobrevivido, solo por volver a casa, la vida no se vuelve mágicamente de color rosa. Todas las personas traumatizadas tienen un largo camino que recorrer.

Para Caroline —y para mí— algunas de las secuelas del trauma son físicas. Cuando le bajó la inflamación cerebral, Caroline recuperó poco a poco la vista, pero sigue ciega en las zonas superior, inferior y perimetral de su campo de visión. No oye bien. Tiene afectados los nervios de las manos y los brazos. Cuando se pone nerviosa, su cerebro y su cuerpo parecen desconectarse. Le cuesta sentir y mover las extremidades.

El crimen también ha hecho mella en su familia y en la comunidad. Ha obligado a todo el mundo a hacer frente a una atrocidad cometida por un allegado, un vecino y un amigo. Ha sido un abuso de confianza horrible. Durante mucho tiempo, el más pequeño de los hijastros de Caroline, que solo tenía ocho años cuando pasó, no la dejaba sola en ninguna habitación. Ella lo intentaba persuadir para que fuera con sus hermanos o el resto de la familia, pero él decía que no:

—Me quedo contigo. Que sé que no te gusta estar sola.

Cuando pudo volver a caminar y conducir y recuperar cierta independencia, el mayor de los hijastros se convirtió en el padre protector, siguiéndola a todas partes y vigilando que no se lastimara. Y durante mucho tiempo el del medio tuvo miedo de abrazarla o tocarla. Tenía miedo de lastimarla.

Caroline me dijo que algunos amigos y allegados han lidiado con el trauma siendo sobreprotectores, mientras que otros han respondido quitando imporyancia a lo que pasó.

—La gente se suele sentir incómoda cuando lo sabe —dijo—. No quieren hablar de ello. Piensan que, si no hablan de ello, desaparece. Que ya está todo más que superado y que vamos a seguir adelante. O lo llaman mi «accidente». ¡No me di accidentalmente contra una bala! Pero la gente no quiere usar palabras como «crimen» o «disparos».

Incluso su suegro, el tío de Michael —que dio un paso al frente tras los disparos y acogió a Caroline y su familia durante tres o cuatro meses porque no podía valerse por sí misma—, decía a la gente que había vuelto a la normalidad al cien por ciento.

—¿En serio? —dijo Caroline con una risa compungida—, pero así se sentía mejor.

Ahora la estabilidad ha vuelto en muchos sentidos. Los niños ya son adultos, están casados y alguno ya tiene hijos propios. Caroline y su marido viven en los Estados Unidos, a miles de kilómetros de Michael. Los separa una frontera, o sea que las posibilidades de que los buscara para vengarse por haber testificado contra él son nimias, por no decir nulas. Pero el miedo no se ha desvanecido.

—Era de la familia —dijo Caroline—. Vivía en nuestra casa. Confiábamos en él. Y lo último que me dijo fue: «No sé por qué estoy haciendo esto». Si él no sabía por qué me estaba intentando matar, cuando era de la familia, ¿quién más habrá por ahí fuera que vaya a intentar hacerme daño porque sí?

Caroline me dijo que tiene miedo a todas horas y que siempre está esperando que alguien llegue y acabe lo que Michael empezó. No sale ni a cuidar el jardín, como le gustaba hacer, porque alguien la podría atacar por la espalda y ella no lo vería venir. Incluso dentro del hogar está en alerta constante. No va a ningún sitio de la casa sin un botón de emergencia que puede pulsar si alguien se cuela en la casa. Si no sabe dónde lo ha dejado, no puede respirar tranquila hasta que lo encuentra.

—Durante un tiempo volví a la casa donde me disparó —dijo—. No quería que me quitara la casa. La quería recuperar.

Pero era demasiado aterrador y doloroso vivir en el sitio donde casi había muerto. Se mudaron muy lejos, a una comunidad segura y acogedora en el sur de los Estados Unidos, cerca de un bello lago al que salen en barca los fines de semana. Aun así, vive con miedo.

—Dieciséis años viviendo así no son vida —dijo.

Se sentía encarcelada por el pasado y estaba desesperada por liberarse.

Mientras hablábamos, notaba un gran amor y determinación en Caroline. También percibía las cuatro cosas que hacía y que la mantenían anclada en el pasado y en el miedo.

Para empezar, estaba invirtiendo una gran cantidad de energía en intentar cambiar sus sentimientos, en convencerse de que se sentía diferente de como se sentía realmente.

—Es una bendición —dijo—. ¡Sé que Dios me ha bendecido! Estoy viva. Tengo un montón de gente que me quiere.

—¡Sí! —dije—, es cierto. Pero no intentes animarte cuando estés triste. No te va a ayudar. Solo te vas a sentir culpable y pensarás que tienes que sentirte mejor que como te sientes realmente. En vez de eso, intenta esto. Admite el sentimiento. Es dolor. Es miedo. Es tristeza. Simplemente reconócelo. Y luego renuncia a esa necesidad de conseguir la aprobación de los demás. No pueden vivir tu vida. No pueden sentir lo que tú sientes.

Además de intentar convencerse para dejar de sentir una tristeza y un miedo muy comprensibles, Caroline vivía en la cárcel de intentar proteger a otros de sus sentimientos. La gente que nos quiere nos desea lo mejor. No quieren vernos sufrir. Y es muy tentador mostrarles la versión de nosotros mismos que se desviven por ver. Pero, cuando negamos o minimizamos lo que estamos sintiendo, nos sale el tiro por la culata.

Caroline me contó que, desde el ataque, ella y su marido siempre habían tenido perros, pero su último perro había muerto hacía poco y su marido no había entendido cuánto le había ayudado el animal a mejorar su sensación de seguridad, diciendo que necesitaba tiempo antes de traer uno nuevo a la familia.

—Me enojé muchísimo —dijo Caroline—, pero no se lo podía decir. Lo lógico habría sido decir: «Tengo miedo de sentirme sola sin perro». Pero no me salía. Creo que lo habría entendido, pero no quería que supiera que aún tenía tanto miedo. No sé por qué.

Le dije que lo estaba protegiendo de la congoja, de la culpa. Pero ella también lo estaba privando de algo al no dejarlo entrar. Le estaba negando la oportunidad de intentar protegerla.

Caroline dijo que hacía lo mismo con sus hijos:

—Me parece que no saben lo encerrada que estoy. Intento que no lo sepan.

—Pero estás mintiendo. No estás siendo quien eres realmente con tu familia. Te estás privando de libertad. Y también se la estás quitando a ellos. Tu estrategia para lidiar con esas difíciles emociones se ha convertido en otro problema.

Al proteger a otros de sus sentimientos, Caroline estaba eludiendo la responsabilidad respecto a ellos.

Y al seguir consumida por el miedo, estaba dando un poder desmesurado a Michael y al pasado.

—Mi marido y yo solo llevábamos tres años casados —dijo—. Estábamos creando una nueva familia y los chicos me estaban aceptando como su madre, empezando una bonita vida. Y Michael me la arrebató. —Tensó el mentón y apretó las manos para formar un puño.

—¿Te la arrebató?

—Vino por mí. Se plantó en mi casa con una pistola, me metió dos balas en la cabeza y me dio por muerta.

—Sí, tenía un arma. Y es verdad que hiciste lo que debías para sobrevivir. Pero nadie te puede quitar tu vida interna ni las respuestas que das a las cosas. ¿Por qué le das más poder?

Fue víctima de un acto horriblemente cruel y violento. Tenía todo el derecho a sentir todas esas cosas: ira, tristeza, miedo y dolor. Michael había estado a punto de quitarle la vida. Pero habían pasado dieciséis años. Incluso cuando le concedieron la libertad condicional, solo era una amenaza distante; estaba lejos, no tenía permiso para viajar y no sabía cómo encontrarla. Aun así, ella seguía dándole poder, permitiéndole vivir en su cuerpo. Tenía que acabar con eso. Tenía que expresar y liberar la ira para que dejara de intoxicar su vida interior.

Le dije que se imaginara a Michael en una silla, que lo atara y le pegara. Que le gritara. «¿Cómo pudiste hacerme esto?» Que diera rienda suelta a su ira. Que le chillara.

Dijo que le daba demasiado miedo.

—El miedo es aprendido. Cuando naciste no tenías ni idea de qué era el miedo. No le permitas apoderarse de tu vida. El amor y el miedo no van de la mano. Ya basta. No tienes tiempo para vivir asustada.

—Si me enojo y le pego, ya no habrá nada en la silla.

—Estaba enfermo. Y las personas enfermas tienen una mente retorcida. Debes decidir cuánto tiempo permitirás que las decisiones de una persona enferma te impidan vivir la vida que quieres.

—Quiero dejar de estar tan asustada y triste —dijo—. Me siento sola. Me he prohibido hacer nuevos amigos y hacer cosas nuevas. Me he encerrado en mí misma. Tengo la cara tensa y se me ve preocupada. Siempre tengo los labios apretados y fruncidos. Creo que a mi marido le gustaría que volviera a ser la mujer feliz con la que se casó. Y a mí me gustaría que volviera esa mujer feliz con la que se casó.

A veces los sentimientos de los que huimos no son los que nos incomodan o nos duelen. A veces eludimos los buenos sentimientos. Nos cerramos a la pasión, el placer y la felicidad. Cuando abusan de nosotros, una parte de nuestra mente se identifica con el agresor y, en ocasiones, adoptamos esa actitud punitiva y agresiva con nosotros mismos, negándonos el permiso para sentirnos bien, privándonos de nuestro derecho de nacimiento: la alegría. Por eso digo a menudo que las víctimas de ayer se pueden convertir perfectamente en los agresores de hoy.

Cuando practicas una cosa, te vuelves mejor haciéndola. Si cedes a la tensión, tendrás más tensión. Si cedes al miedo, tendrás más miedo. La negación te llevará a negar más y más partes de tu verdad. Caroline se había habituado a la paranoia. No conduzcas demasiado rápido. No remes muy rápido. No vayas ahí. No hagas eso.

—No más noes —le dije—. Quiero darte muchos síes. Sí puedo elegir. Sí tengo una vida que vivir. Sí tengo un papel que desempeñar. Sí vivo en el presente. Sí presto atención a lo que estoy haciendo y coincide a la perfección con los objetivos que me he marcado: lo que me da placer, lo que me alegra. Quiero que practiques despertando y observando tus sentidos: mirando, tocando, oliendo, saboreando. Ahora toca sonreír. Toca reírse. Es hora de no pensar tanto en las cosas.

—Estoy viva —dijo Caroline—. Estoy tan feliz de estar viva.

—¡Exacto! Procura practicar esa felicidad cada día, en cada momento, en la forma en que te amas y hablas contigo misma.

Le puse otro ejercicio de libertad. La insté a poner por escrito lo que pasaba, salir al patio con una pala y empezar a cavar un hoyo:

—Hace calor —dije— y estás sudando. Sigue cavando hasta que el hoyo tenga un metro de profundidad y entierra el papel. Vuelve a cubrirlo de tierra y entra, lista para volver a nacer y empezar de cero porque has dejado atrás esa parte de ti.

—NO MÁS NOES —LE DIJE—. QUIERO DARTE MUCHOS SÍES.

Un mes después de que habláramos, Caroline me escribió para decirme que había regresado a Canadá para conocer a su nieto recién nacido y que ella y su marido habían pasado en coche por su vieja casa, donde recibió los disparos. El roble y los arces, que cuando vivían allí eran simples retoños, habían crecido mucho. Los nuevos propietarios habían añadido un tablado de entrada a la casa. No sé por qué, pero no me duele tanto como antes, me escribió. Su tristeza por todo lo que dejaron atrás había menguado.

Esto es lo que significa afrontar y superar el pasado. Pasamos de largo. Ya no vivimos allí.

Cuando estamos habituados a negar nuestros sentimientos, puede resultar difícil incluso identificar lo que estamos sintiendo, por no hablar de abordarlo, expresarlo y acabar superándolo. Una manera de quedarnos atascados es confundiendo pensamientos con sentimientos. Me sorprende las veces que oigo a la gente decir cosas como: «Siento que esta tarde tengo que ir al centro a hacer unos recados...». ¡La gente confunde los sentimientos con ideas, planes! Los sentimientos son energía. La única salida es cruzarlos. Tenemos que convivir con ellos. Hay que ser muy valiente para vivir, sin tener que hacer nada sobre nada, simplemente ser.

El otro día me llamó un hombre. Al parecer, su padre estaba sufriendo por culpa de una enfermedad terminal. Me pidió si podía visitar a su padre y su familia. He visto muchas cosas difíciles en mi vida, pero el sufrimiento de esta familia me turbó. El padre estaba postrado en una silla de ruedas y no podía hablar, comer ni mover el cuerpo, y su esposa y su hijo estaban aterrados. Iban de aquí para allá recolocándole los brazos, las piernas o las sábanas, haciendo cuanto podían para mitigar su malestar, pero incapaces de detener el avance de la enfermedad.

No sabía cómo iba a poder ayudarle a él o a su familia. Guardé silencio. Tomé al padre de la mano y le pedí a su mujer que se la tomara también, que le diera un beso. Y que se quedaran allí, tomados de la mano, mirándose. Tomé la otra mano del padre y nos miramos a los ojos, sintiendo toda la impotencia. Con solo hacerle compañía le dimos permiso para que aflorara todo, sin juzgar. Juntos hicimos todo lo posible para acomodarnos al malestar. Nos quedamos sentados un buen rato.

El hijo llamó al cabo de cuatro días para decir que su padre había fallecido. Tuve la sensación de haber hecho muy poco para ayudarles. Sin embargo, me aseguró que les había ayudado muchísimo. Pensé que lo que les había parecido útil había sido la oportunidad de hacerse compañía. Estar sentados unos con otros, con la enfermedad y con nuestra mortalidad sin sucumbir a la necesidad de arreglar o cambiar nada.

Inspirada por esta familia, he conseguido hacer algo que nunca había sido capaz de hacer. Yo detesto estar postrada o atada porque me invade una sensación de pánico. Siempre que me he tenido que hacer pruebas como resonancias magnéticas, he pedido que me sedaran. Pero la semana pasada decidí intentar hacerme la resonancia magnética rutinaria —me tienen que revisar la espalda— sin tomar ningún medicamento para calmarme.

Las máquinas de resonancia magnética son oscuras y opresivas y hacen un ruido espantoso. Me metieron con mi fina bata de hospital y empezó a hacer ruido. Tumbada dentro del tubo, con mi torcida espina dorsal apretando contra la fría almohadilla de plástico, noté cómo el miedo me calaba hasta los huesos. El estruendo era tan fuerte que parecía haber bombarderos soltando proyectiles, parecía que todo el edificio fuera a derrumbarse en un cúmulo de escombros. Pensé que iba a ponerme a gritar y a patalear y que me tendrían que sacar de allí, pero me dije a mí misma: «Cuanto más ruido oiga, más relajada estaré». Y lo conseguí. Aguanté cuarenta minutos en esa máquina sin pastilla. No aprendí a quedarme quieta en momentos de agitación de la noche a la mañana, pero con los años voy practicando.

Así es como nos liberamos de la cárcel de la evasión: aceptando los sentimientos. Les damos la bienvenida y luego los soltamos.

Claves para liberarte de la evasión

- **Siente para poder curarte.** Acostúmbrate a analizar a menudo cómo te sientes. Elige un momento neutro: por ejemplo, cuando te sientas a comer, cuando esperas en la fila del supermercado o cuando te cepillas los dientes. Respira hondo unas cuantas veces y pregúntate: «¿Cómo me siento ahora mismo?». Busca en tu cuerpo sensaciones de tensión, hormigueo, placer o dolor. Intenta identificar un sentimiento y dale un nombre, sin juzgarlo ni intentar cambiarlo.

- **Todo es temporal.** Llegará un momento en que ya te sientas cómodo analizando tus sentimientos en momentos neutros. Entonces, prueba a conectar con ellos cuando te invada una gran emoción, sea positiva o negativa. Si puedes, aléjate de la situación o interacción que está provocando el sentimiento de alegría, dolor, ira, etc. Quédate en silencio un momento y respira; puede que te ayude cerrar los ojos o colocar las manos suavemente sobre el regazo o en el abdomen. Empieza dando un nombre a tu sentimiento. Luego, intenta ubicar el sentimiento en tu cuerpo. Muestra curiosidad. ¿Es caliente o frío? ¿Lo notas en diferentes sitios o solo en una zona? ¿Quema, duele o palpita? Finalmente, observa cómo cambia o se disipa el sentimiento.

- **Lo contrario de la depresión es la expresión.** Piensa en una conversación que hayas tenido recientemente con un amigo, una pareja, un colega o un familiar en la que te hayas reprimido y no hayas dicho lo que

sentías. No es demasiado tarde para asumir tus sentimientos y decir la verdad. Cuéntale a esa persona
que has estado reflexionando sobre su conversación
y que te gustaría continuar. Acuerden un momento
conveniente para hablar y di algo como «Sabes qué,
en aquel momento no supe cómo expresarlo, pero
me doy cuenta de que sentía _____ cuando _____».

CAPÍTULO 3

—

TODAS LAS DEMÁS RELACIONES SE VAN A TERMINAR

La cárcel del autoabandono

Uno de nuestros primeros miedos concierne al abandono. Pronto aprendemos a ganarnos las tres aes: atención, afecto y aprobación. Descubrimos lo que hay que hacer y en quién debemos convertirnos para satisfacer nuestras necesidades. El problema no es que hagamos estas cosas, sino que sigamos haciéndolas. Mentalmente, creemos que tenemos que hacerlo para que nos amen.

Es muy peligroso poner toda tu vida en manos de otra persona. Tú eres la única persona que vas a tener en tu vida. Todas las demás relaciones se van a terminar. Así pues, ¿cuál es la manera más cariñosa, incondicional y sincera de cuidarte?

En la infancia recibimos todo tipo de mensajes —verbales y tácitos— que perfilan nuestras creencias respecto a nuestra importancia y valor. Y nos llevamos estos mensajes a la adultez.

Por ejemplo, cuando Brian tenía diez años su padre abandonó a la familia, así que el pequeño se convirtió en el hombre de la casa, cuidando de su madre, haciendo todo lo que estaba en sus manos para facilitarle la vida, aplacar su dolor y, de paso, asegurarse de que no se fuera. Se llevó esta identidad benefactora a la adultez y fue entablando relaciones con mujeres necesitadas. Lo fastidiaban por el constante sacrificio que exigían, pero aun así tenía dificultades a la hora de fijar límites saludables. Pensaba que, para ser amado, tenían que necesitarlo.

La madre de Matthew, otro paciente, no decidió quedarse embarazada de él. La maternidad se le apareció como una carga y entró en ella sin ningún tipo de ilusión o entusiasmo. Cuando los padres están estresados, decepcionados o se sienten frustrados, los hijos pagan los platos rotos y arrastran ese lastre en sus propias vidas. Como adulto, Matthew aún tenía un miedo cerval al abandono y lo manifestaba en forma de ira. Era cruel con sus novias y solía armar escenas en público, gritando a la gente y, en una ocasión, llegando a lanzar por el aire a un perro en un estacionamiento. Tenía tanto miedo a que lo abandonaran que transformó el miedo en una profecía autocumplida, comportándose de un modo que no daba más opción a la gente que alejarse de él. Entonces podía decir: «Sabía que pasaría». En su intento por controlar el miedo al abandono, se convirtió en la persona que temía ser.

Aunque no hayamos vivido un suceso o un trauma perceptible que nos obligara a esforzarnos por ser amados o vistos, la mayoría podemos recordar momentos en que protegimos a otras personas o actuamos por ellas para ganarnos su aprobación. Quizás hayamos llegado a la conclusión de que nos quieren por nuestros logros, o por el papel que desempeñamos en la familia o porque cuidamos de los demás.

Por desgracia, muchas familias que intentan motivar a sus hijos para que se valgan por sí mismos crean una cultura de éxito en la que aquello que el niño «es» se mezcla con aquello que «hace». A una niña se le enseñará que su valor no reside en quién es, sino en cómo trabaja y se comporta. Los niños están sometidos a una presión enorme por sacar buenas notas, ser grandes atletas o músicos, clavarlo en los exámenes de acceso a la universidad y titularse en una gran facultad para encontrar un trabajo bien remunerado en un campo competitivo. Si vendemos el amor a cambio de buenas calificaciones o buenos modales, no es amor para nada. Es manipulación. Cuando hacemos tanto hincapié en el éxito, los niños no experimentan el amor incondicional: el ser amados pase lo que pase, el ser libres para ser ellos mismos, el tener permitido cometer errores, el participar en el proceso colectivo de aprender y transformarse, y el entusiasmarse y disfrutar aprendiendo.

Mi nieto Jordan es fotógrafo y hace poco lo contrataron para hacer retratos en una academia de interpretación de Los Ángeles. Un día, un director de cine pasó por la clase de interpretación. Apenas unos días antes había ganado dos Óscar y alguien le preguntó dónde había decidido exponer sus trofeos, pero dejó a todo el mundo atónito al admitir que los había metido en un cajón.

—No quiero que mis hijos lleguen del colegio cada día —dijo—, vean mis Óscar y piensen: «¿Cómo voy a compararme con él?».

Cuando Jordan me contó esto me reí, porque él también es hijo de un hombre de extraordinario éxito. El marido de Marianne, Rob, ganó un Premio Nobel de Economía y también guarda su trofeo en un cajón, ¡al lado del sacacorchos!

No hace falta ocultar el éxito a nuestros hijos, pero este director y mi queridísimo Rob tienen una forma maravillosa de hacer ver que sus premios e hitos no constituyen la esencia de su ser. No confundan lo que son con lo que hacen. Cuando mezclamos el logro con el valor, nuestro éxito puede convertirse en una losa para nuestros hijos.

Marianne me contó una bonita historia que nos recuerda que podemos transferir un legado muy diferente. El mayor de mis bisnietos, su nieto Silas, fue a pasar un fin de semana a Nueva York con Marianne y Rob y en un momento dado dijo:

—Abuelita, me dijeron que el abuelo ganó un premio muy importante. —Y pidió que se lo dejaran ver. Marianne lo sacó del cajón y Silas se le quedó mirando un buen rato, recorriendo con el dedo el nombre de su abuelo grabado en la placa de oro: Robert Frye Engle, III. Al final, dijo—: Mi segundo nombre es Frye. ¿Por qué dice Frye?

—¿Y por quién crees que te pusieron el nombre? —dijo Marianne.

Silas se puso muy emocionado al saber que su nombre venía del abuelo. Más tarde, un amigo de la familia fue a cenar a su casa y Silas le preguntó orgulloso:

—¿Ya viste mi premio? —Corrió hacia el cajón y lo sacó—: ¿Lo ves? —dijo—, lleva mi nombre. ¡El abuelo y yo tenemos un premio!

No es bueno vivir bajo la sombra del éxito, con la pesada necesidad de alcanzar cierta meta para ser dignos de amor. Pese a todo, los puntos fuertes y las habilidades de nuestros antepasados también son parte de nosotros. Es nuestro legado. Y nuestro premio también. La mejor forma de respetar a nuestros hijos no es crear una cultura de autopromoción o modestia, de expectativas cumplidas o incumplidas, sino una cultura que se congratula de los éxitos. La alegría del esfuerzo. La alegría de alimentar nuestros talentos. No porque tenemos que hacerlo, sino porque somos libres de hacerlo. Porque se nos ha dado el regalo de la vida.

Mi hija Audrey y mi nieto David me han enseñado mucho acerca de fomentar los regalos, en vez de cumplir las expectativas. David es una persona increíblemente brillante y creativa. Tan pronto como aprendió a leer, demostró tener una memoria fotográfica para las estadísticas de deportes. No olvidaré jamás cuando vimos *El mago de Oz*... Tenía dos años y dedujo que la mujer que iba en bicicleta era la Bruja Mala del Oeste. Pero, aunque sobresalía en las actividades extraescolares de la escuela —jugaba fútbol, escribía canciones, cantaba en el coro y fundó el primer club de comedia del centro— y brillaba en los exámenes estándares, sacaba malas calificaciones. Era habitual que Audrey y su marido, Dale, tuvieran que ir a hacer tutoría porque David corría el riesgo de reprobar. En el último curso, cuando lo aceptaron en dos pequeñas universidades privadas, se armó de valor y dijo a sus padres que no estaba preparado para ir.

La educación siempre ha sido un valor elemental de nuestra familia, tal vez porque Béla y yo perdimos oportunidades cuando la guerra interrumpió nuestra vida. Pero Audrey no hizo sentirse culpable a David ni le impuso su criterio. Escuchó y cuando se enteró de que iban a abrir una nueva academia de música en Austin, donde vivían, le dijo a David que si conseguía entrar se podría tomar un año sabático para centrarse en la música, y que ya pensaría en la universidad más adelante. Él aprovechó la oportunidad, grabó una cinta de canciones originales y se hizo de una plaza en la escuela de música.

Tomándose un tiempo para hacer algo que amaba y que se le daba bien —y con la convicción de que sus padres lo apoyaban para hacer las cosas a su ritmo y a su manera—, David obtuvo la determinación y la motivación para emprender el camino profesional que prefería. Cuando al fin fue a la universidad —con una beca para el coro—, sabía qué quería hacer y tenía ganas de verdad de ir. Estaba tomando una decisión en su propio beneficio, no solo hacía lo que tenía que hacer para cumplir la expectativa de otra persona. Ahora es licenciado en Periodismo y tiene un trabajo que le encanta como redactor de deportes. Y la música continúa siendo una parte importante y alegre de su vida. Me conmueve y me asombra la buena gestión de Audrey y Dale como padres, así como la capacidad de David de conocer y expresar su verdad.

Muchas veces nos encasillamos por culpa de las expectativas y de la sensación de que tenemos que desempeñar un papel o una función específicos. Es habitual que en las familias los niños reciban una etiqueta: el responsable, el bromista, el terremoto. Cuando asignamos a los niños un atributo, lo cumplen. Y cuando uno de los hijos es el «mejor» —un triunfador, o un niño o una niña bueno—, también suele haber uno que es el «peor». Como dice una de mis pacientes: «De niño, mi hermano daba muchos problemas. Mi manera de llamar la atención era ayudando y siendo buena». Pero una etiqueta no es una identidad. Es una máscara, o una cárcel. Mi paciente lo expresó bellamente: «Solo puedes ser una niña buena durante cierto tiempo. Mi personalidad real estaba burbujeando debajo de la superficie, deseando salir, y el entorno no era muy favorable». Nuestra infancia termina cuando empezamos a vivir según la imagen que otra persona tiene de nosotros.

En lugar de limitarnos a un papel o una versión de nosotros mismos, es positivo reconocer que cada uno tiene una familia entera dentro. Está la parte del niño, la que lo quiere todo ahora, deprisa y sin complicaciones. Está la parte infantil, el espíritu libre y curioso que tiende a guiarse por los caprichos, los instintos y los deseos sin criterio, miedo o vergüenza. Está el adolescente, al que le gusta coquetear, arriesgarse y poner a prueba los límites. Está el adulto racional que medita las cosas, hace planes, se marca objetivos y encuentra el modo de conseguirlos. Y están los dos padres: el que te cuida y el que te da miedo. Uno es tierno, cariñoso y enriquecedor, mientras que el otro llega alzando la voz y sacudiendo el dedo, diciendo: «Deberías, has de, tienes que...». Necesitamos

MUCHAS VECES NOS ENCASILLAMOS POR CULPA DE LAS EXPECTATIVAS Y DE LA SENSACIÓN DE QUE TENEMOS QUE DESEMPEÑAR UN PAPEL O UNA FUNCIÓN ESPECÍFICOS.

a nuestra familia interior entera para estar completos. Y cuando somos libres, la familia trabaja en equilibrio, como un equipo; todo el mundo es bienvenido, nadie está ausente, ni es silenciado ni dirige al grupo.

Mi espíritu libre interior me ayudó a sobrevivir a Auschwitz, pero si mi yo adulto y responsable no está a bordo puede armar una revuelta. De ello puede dar fe mi nieta Rachel, la hermosa hija de Audrey. Desde que era joven, a Rachel le ha encantado cocinar. Cuando me pidió que le enseñara alguna receta húngara, me llené de emoción.

Decidí enseñarle a hacer uno de mis platos favoritos: pollo a la páprika. Compartir la cocina con Rachel, acompañada del olor de las cebollas sofriéndose con la mantequilla (¡con un montón de mantequilla!) y la grasa del pollo, era como levitar. Pero pronto me di cuenta de que su padre, Dale, andaba detrás de mí limpiando las salpicaduras de *schmaltz* y el polvo de especias que salía despedido de la cuchara. Incluso Rachel, una chica paciente y práctica, se estaba poniendo nerviosa.

—¡Detente! —soltó finalmente agarrándome del brazo antes de que echara un puñado de ajo y páprika a la cazuela—. Para aprender la receta tengo que medir y anotar las cantidades que vas echando.

Yo no quería ir más despacio. Me encanta cocinar por instinto, sin medir ni planear las cosas, dejarme llevar por lo que me dice el corazón. Pero así no estaba dando a Rachel la base que necesitaba. Para transferirle efectivamente mi talento y mis habilidades, no podía basarme únicamente en mi espíritu libre interior. Necesitaba a mi yo adulto y racional y al padre protector para formar al equipo.

Ahora Rachel prepara un pollo a la páprika y un *goulash* sículo riquísimos. Y el otro día, mientras preparaba un rollo de frutos secos, tuve que llamarle para que me dijera si tenía que añadir una o media taza de agua a la masa. No tuvo ni que mirar la receta.

—¡Media taza! —dijo.

Cuando creemos que nuestra propia supervivencia depende de desempeñar un papel determinado, puede resultarnos especialmente complicado equilibrar nuestra familia interior. Después de mantener una relación tóxica con sus hermanas y sus padres durante décadas, Iris está intentando romper con el papel particular que se acostumbró a desempeñar en su familia.

Su padre luchó en la Segunda Guerra Mundial y lo dieron de baja del ejército cuando un avión en el que había trabajado estalló con hombres a bordo. Se hizo enfermero psiquiátrico, pero empezó a beber muchísimo y a padecer depresión, paranoia y esquizofrenia. La cosa se puso tan fea que cuando nació Iris, la más joven de tres hermanas, solía pasar largas temporadas en el hospital. Lo recuerda como un hombre gentil, sensible y brillante. Le encantaba sentarse en su regazo después de darse un baño y dejar que le desenredara el pelo mojado. O fingía estar dormida en el sofá por la noche para que la llevara hasta la cama. Le gustaba que la llevara en brazos. Cuando tenía doce años, su padre tuvo un infarto grave. Al llegar la ambulancia, su corazón llevaba parado doce minutos. El equipo médico logró revivirlo, pero sufrió daños cerebrales irreversibles y se convirtió en un interno permanente en el mismo hospital donde había trabajado. Murió cuando Iris tenía dieciocho años.

Iris aprendió a desempeñar el papel de cuidadora en su familia a una edad temprana. En uno de sus primeros recuerdos, sus padres se habían estado aventando los trastes a la cabeza. Notó la tensión y se coló en la habitación con la esperanza de suavizar los ánimos. Su padre la recogió y la sostuvo en el aire:

—Eres mi favorita —dijo—, porque no das ningún problema.

La madre de Iris y sus hermanas reforzaban este mensaje. Se granjeó las aes (atención, afecto y aprobación) de

73

su familia siendo la persona responsable, aquella en quien los demás podían confiar. Su madre era una persona hacendosa y sin prejuicios, muy sensible al dolor, la vergüenza o la pena que se escondía en la conducta de los demás. Mantuvo una lealtad incondicional al padre de Iris durante sus peores años, pero hacia el final de su vida tuvo una crisis nerviosa, cuando su hija era adolescente. Años más tarde, ella misma enfermó y le dijo a Iris:

—Tengo la sensación de que estoy en medio de un mar agitado y que tú eres mi peñasco.

Buena parte de la relación con su madre giró en torno a su preocupación mutua por las hermanas de Iris, que habían tenido vidas difíciles y caóticas, con traumas de abusos sexuales y violencia doméstica, además de problemas de adicción y de depresión con tendencias suicidas. Ahora Iris y sus hermanas tienen más de cincuenta años, pero ella sigue lidiando con sentimientos complejos que derivan en gran parte de su papel benefactor en la familia.

—Vivo con un sentimiento de responsabilidad gigantesco —me dijo—. Me llamaban «la afortunada» porque no abusaron de mí. Mi padre entró en el manicomio cuando yo era muy pequeña y había perdido la cabeza. Nunca he querido quitarme la vida. Estoy felizmente casada con un hombre bueno y tengo dos hijos maravillosos que ya son adultos. A veces me siento culpable por las cosas buenas que me han pasado. Se me rompe el corazón al pensar en mis dos hermanas. Me siento egoísta por no hacer más por ellas. Y a veces me siento exhausta, quizás de intentar mantener la seguridad, o de vivir la vida como una niña que no quitó nunca el sueño porque los problemas de los demás eran mucho más graves. Sueño con ganar la lotería y comprarle una casa a cada una, solucionarles la vida económicamente. Así tal vez me sentiría más liberada de esta culpa con la que cargo.

Iris es una mujer hermosa de pelo rubio rizado y labios carnosos. Parecía preocupada y sus ojos azules no paraban quietos mientras hablaba. Era la agitación fruto de una vida entera intentando ganarse las aes. Iris se había encarcelado a través de su percepción del papel y la identidad que le tocaba representar: allanar el camino de los demás, aliviarles la carga, no provocar molestias ni tener grandes problemas y ser una persona capaz, fiable y responsable. También se había convertido en prisionera de la culpa, la culpa de la sobreviviente que ve que su vida ha sido más fácil que la de su madre y sus hermanas. ¿Cómo podía rescatar a Iris de una vida entera encasillándose como la «chica buena» y responsable y deseando ayudar a los demás?

—No puedes hacer nada por tus hermanas —le dije— hasta que empieces a quererte a ti misma.

—No sé cómo —dijo—. Este año apenas he tenido contacto con ellas. Y me siento aliviada, lo cual me hace sentir fatal. Pienso en ellas. ¿Están bien? ¿Podría hacer más? Y lo cierto es que sí podría hacer más. Esta es la verdad. Y aun así, cuando hago más, más tóxico y agotador se vuelve. O sea que estoy hecha un lío. No sé cómo continuar. No tengo ni idea de cómo recuperar la conexión. Y me siento desgarrada porque, aunque quiero volver a tener contacto con ellas, si soy sincera conmigo misma, las cosas van mucho mejor cuando no estamos en contacto. Y me hace sentir muy desgraciada.

Había dos cosas de las que quería que se librara: la culpa y la preocupación.

—La culpa está en el pasado —le dije—; la preocupación está en el futuro. Lo único que puedes cambiar está aquí en el presente. Y no te corresponde a ti decidir qué debes hacer por tus hermanas. La única persona a la que puedes amar y aceptar eres tú misma. La duda no está en cómo puedes amar lo bastante a tus hermanas, sino en cómo puedes amarte lo bastante a ti misma.

Asintió, pero vi una sombra de duda en sus ojos, algo reprimido en su sonrisa, como si el simple hecho de pensar en quererse fuera incómodo, o al menos extraño.

—Querida, cuando piensas en qué más puedes hacer por tus hermanas, no es sano. No es sano para ti ni es sano para ellas. Las estás mutilando. Las obligas a depender de ti. Las privas de ser adultas responsables.

Dejé entrever que tal vez ellas no eran las necesitadas. Tal vez fuera ella. A veces tenemos la necesidad de ser necesarios. No nos sentimos funcionales a menos que estemos rescatando a gente. Pero, cuando necesitas ser necesaria, lo más probable es que acabes casándote con una persona alcohólica. Son irresponsables y tú eres responsable. Estás recreando ese mismo patrón.

> LA CULPA ESTÁ EN EL PASADO; LA PREOCUPACIÓN ESTÁ EN EL FUTURO.

—Es un buen momento para casarte contigo misma —le dije a Iris—; de lo contrario, vas a empeorar una situación negativa, no vas a mejorarla.

Se quedó en silencio, con gesto desorientado.

—Esto es dificilísimo —dijo—. Aún me siento culpable.

De niñas, la hermana del medio estaba siempre enojada y daba mucho miedo. En aquel entonces, nadie sabía que había sido víctima de abusos sexuales. Iris llegaba a casa de la escuela y se encerraba en la habitación para no tener que aguantar el carácter volátil de su hermana. Tanto ella como su hermana mayor suplicaban a sus padres que se libraran de ella, que la metieran en cintura. Un día tuvo una discusión subida de tono con su padre y lo estampó contra una puerta de cristal. Fue entonces cuando sus padres la enviaron a un reformatorio para chicas. A partir de entonces, su vida fue dando cada vez más tumbos.

—Quizás fui la razón por la que mis padres decidieron enviarla bien lejos —dijo Iris.

—Si quieres tener una relación de afecto con tus hermanas —dije—, no puede basarse en la necesidad mutua. Es porque quieren tenerse cerca. Así que elige: ¿quieres sentir culpa o amor?

Una persona que escoge el amor se vuelve bondadosa, buena y cariñosa consigo misma. Deja de revivir el pasado. Deja de pedir perdón por no haber estado presente para salvar a todo el mundo. Dice: «Lo hice lo mejor que pude».

—Pero tengo la impresión de que parte de mi trayecto vital consiste en encontrar una solución a lo que nos pasó a las tres, por así decirlo —dijo Iris—. Siendo como era la única persona de la familia sin un trauma, fui la única capaz de no perder la cabeza. Y ahora me siento desleal cuando no las estoy ayudando.

Una de las primeras cosas que pregunto a mis pacientes es: ¿cuándo se terminó tu infancia?, ¿cuándo empezaste a proteger o a cuidar de alguien?, ¿cuándo dejaste de ser tú mismo y comenzaste a desempeñar un papel?

Le dije a Iris:

—Igual creciste muy deprisa. Te convertiste en una niña adulta y empezaste a cuidar de otras personas, a ser la responsable. Y a sentirte culpable porque, hicieras lo que hicieras, no era suficiente.

Asintió con los ojos bañados en lágrimas.

—Pues bien, ahora decide: ¿cuándo es suficiente?

Es difícil ceder a nuestros viejos hábitos, consistentes en ganarnos las aes, y descubrir un nuevo sistema para generar amor y conexión, un sistema que dependa de la interdependencia y no de la dependencia; del amor, no de la necesidad.

Cuando estoy intentando ayudar a un paciente a descubrir el momento en que empezó a generar este patrón de conducta, suelo preguntarle: «¿Hay algo que hagas en exceso?». A menudo usamos sustancias y hacemos cosas para curar nuestras heridas: comemos, tomamos azúcar, bebemos alcohol, compramos, apostamos, tenemos relaciones sexuales... Incluso podemos hacer cosas saludables en exceso. Podemos volvernos adictos al trabajo, al ejercicio o a dietas restrictivas. Pero cuando tenemos sed de afecto, atención y aprobación —las cosas que no tuvimos de jóvenes—, nada nos va a bastar para satisfacer la necesidad. Allí no vamos a poder llenar el vacío. Es como ir a la ferretería a comprar un plátano. Lo que buscas no está allí. Y aun así, muchos de nosotros seguimos buscando en la tienda equivocada.

A veces nos volvemos adictos a la necesidad. A veces nos volvemos adictos a que otros nos necesiten.

Lucia es enfermera. Según me dijo, cree que está en su código genético prestar atención a los demás y preguntar: «¿Qué necesitas? ¿En qué te puedo ayudar?». Estuvo casada durante décadas con un déspota —echándole una mano para criar a sus hijos, incluida una hija con discapacidad, y oyendo cómo le decían que hiciera esto o lo otro—

78

antes de empezar a preguntarse: «¿Y yo qué? ¿Qué lugar ocupo yo en la ecuación?».

Ahora está aprendiendo a ser más asertiva, a no renunciar a sus propias preferencias y sus propios deseos. A veces suscita una respuesta inflexible de los demás. La primera vez que marcó un límite con su marido y se negó a levantarse del sofá para ir a buscarle algo para picar, le gritó:

—¡Te di una orden!

Respiró hondo para recomponerse y dijo:

—Yo no acepto órdenes. Si me vuelves a hablar así, me iré de la habitación.

Está aprendiendo que ese nudo en el estómago que se le forma cuando empieza a decir que sí a una petición es una señal para parar y preguntarse: «¿Esto es lo que quiero hacer? ¿Me arrepentiré si lo hago?».

No pasa nada por ser egoísta: por amarse y cuidarse a uno mismo.

Cuando Lindsey y Jordan eran jóvenes, Marianne y Rob pactaron una cosa: algunas noches, cada uno podría pasar la velada fuera del entorno familiar. Cuando era el turno de Marianne, Rob aceptaba quedarse en casa con los niños, y viceversa. Una semana, un famoso economista de Londres iba a estar de visita en el país y Rob quería ir a verlo dar una plática. Pero el acto estaba previsto para la noche libre de Marianne. Además, ella ya había comprado entradas para ver una función con una amiga y él se había comprometido a quedarse en casa con los niños. Cuando le dijo a Marianne que con tan poca antelación no podía encontrar a nadie que vigilara a

NO PASA NADA POR SER EGOÍSTA: POR AMARSE Y CUIDARSE A UNO MISMO.

los críos, ella podría haber llamado a su amiga para posponerlo y podría haber contactado con el teatro para intentar cambiar las entradas para otra noche. Siempre podemos optar por adaptarnos, por ser flexibles. El problema es que muchos de nosotros nos apresuramos a cambiar o adaptar nuestros planes. Asumimos demasiada responsabilidad por los problemas de los demás y les enseñamos a confiar en nosotros en vez de en sí mismos, allanando nuestra senda hacia el resentimiento. Marianne le dio un beso a Rob en la mejilla y dijo:

—Uf, cariño, parece que tienes un buen dilema. Espero que al final lo puedas arreglar.

Al final, se llevó a los niños a la plática y se quedaron jugando en pijama debajo de la gradería del salón de actos.

A veces la vida nos obliga a dejarnos llevar; a veces lo correcto es priorizar las necesidades de otros, cambiar nuestros planes. Y obviamente, queremos hacer todo lo que está en nuestras manos para apoyar a nuestros seres queridos, ser sensibles a sus necesidades y deseos, trabajar en equipo y depender unos de otros. Pero la generosidad deja de ser generosidad si damos eternamente a nuestra costa, si el altruismo nos convierte en mártires o alimenta nuestro resentimiento. El amor implica amarnos a nosotros mismos, intentar ser generosos y compasivos con los demás y con nosotros.

Muchas veces digo que el «amor» es una palabra prácticamente sinónima de tiempo. Tiempo. Aunque nuestros recursos internos son ilimitados, nuestro tiempo y energía son limitados. Se agotan. Si trabajas o estudias; si tienes hijos, una relación o amistades; si estás en un voluntariado, haces deporte o estás en un club de lectura, un grupo de ayuda o un lugar de culto; si cuidas de un padre mayor o de alguien con necesidades médicas o especiales, ¿cómo planificas tu tiempo para no abandonarte? ¿Cuándo descansas y cargas las pilas? ¿Cómo creas un equilibrio entre trabajar, amar y jugar?

A veces lo que más nos cuesta hacer para cuidarnos es pedir ayuda. Llevo unos años viéndome con un hombre gentil y caballeroso, Gene, mi genial pareja de *swing*. Cuando lo ingresaron en el hospital por unas semanas, lo fui a ver cada día y estuvo encantado de dejarse mimar un poco: me dejaba tomarlo de la mano, darle de comer... Es estupendo cuando alguien te concede el regalo del altruismo. Sin embargo, una tarde estaba sentada junto a él y vi que estaba temblando. Admitió que hacía ya un rato que tenía bastante frío, pero para Gene la amabilidad era lo primero.

> EL «AMOR» ES UNA PALABRA PRÁCTICAMENTE SINÓNIMA DE TIEMPO.

Estaba tan preocupado por no parecer severo que había decidido no pedir una cobija más caliente. Intentando no ser un estorbo para nadie, se había abandonado a sí mismo.

Yo también solía hacer eso. Recién llegados a los Estados Unidos, Béla y yo vivíamos con Marianne en un departamentito de soltero detrás de Park Heights (Baltimore). Habíamos llegado al país sin un centavo —tuvimos que tomar prestados los diez dólares para poder bajar del barco— y pasamos penurias para alimentar a nuestra familia. En circunstancias de estrechez, consideraba una cuestión de honor llenar primero los platos de Béla y de Marianne y servirme solo si había suficiente comida para todos. Es cierto que la generosidad y la compasión son vitales, pero el desinterés por uno mismo no ayuda a nadie. Priva a todo el mundo.

Y ser autosuficiente no implica rechazar el cuidado y el amor de los demás.

Una vez Audrey vino a vernos mientras estudiaba en la Universidad de Texas, en Austin, un hervidero de activismo e ideología progresista. Era sábado por la mañana y, cuando abrió la puerta de mi dormitorio, se escandalizó al encontrarme en la cama con mi elegante camisón mientras Béla me daba de comer trozos de papaya fresca.

—¡Mamá! —gritó. En ese momento le parecí repugnante, ostentosa y dependiente. Había ofendido su sensibilidad de lo que significa ser una mujer fuerte.

Lo que ella no veía era que yo decidía aceptar y respetar el goce de mi marido por cuidarme. Los sábados eran su perdición: se levantaba temprano, cruzaba la frontera para ir al mercado de Juárez y buscaba las papayas rojas más maduras, que a mí me encantaban. Era feliz haciéndolo. Y yo también lo era por participar en el rito sensorial, por recibir lo que él tenía ganas de darme.

Cuando eres libre, asumes la responsabilidad de ser quien eres realmente. Identificas los mecanismos de defensa o los patrones de conducta que has adoptado en el pasado para satisfacer tus necesidades. Te reenganchas con las partes de ti que tuviste que dejar de lado y reclamas la persona completa que no te dejaron ser. Rompes con el hábito de abandonarte.

Recuerda: tienes algo que nadie más tendrá jamás. Te tienes a ti. Durante una vida entera.

ROMPE CON EL HÁBITO DE ABANDONARTE.

Por eso hablo conmigo misma a todas horas. Me digo: «Edie, eres única. Eres hermosa. Sé cada día más tú misma».

He dejado de negarme a mí misma emocional o físicamente. ¡Estoy orgullosa de ser una mujer exigente! Entre mi régimen de cuidados están la acupuntura y los masajes. Me hago tratamientos de belleza que son innecesarios, pero que me gustan. Tengo mascarillas. Me tiño el pelo; no solo de un color, sino de tres, de claro a oscuro. Voy a la sección de maquillaje de los grandes almacenes y pruebo distintos sistemas para pintarme los ojos. Si no hubiera aprendido a cultivar mi autoestima, por más mimos externos que me hubiera concedido no habría cambiado el modo en que me veo a mí misma. Pero ahora que me tengo en alta estima, ahora que me quiero a mí misma, sé que cuidarme por dentro también implica cuidarme por fuera; concederme caprichos sin sentirme culpable, permitir que mi aspecto sea una vía de expresión personal. Y he aprendido a aceptar un cumplido. Cuando alguien dice: «Me gusta tu bufanda», yo digo: «Gracias, a mí también me gusta».

No olvidaré nunca el día que llevé a Marianne a comprarse ropa, cuando era adolescente, y se probó algo que le había escogido yo.

—Mamá, esta no soy yo —dijo.

Su comentario me desconcertó. Tuve miedo de haberla criado para que fuera sibarita, o incluso desagradecida. Pero luego me di cuenta del regalo que supone tener hijos que se conocen a sí mismos, que saben lo que son y lo que no.

Cariño, encuentra a tu «yo» y sigue llenándolo de tu esencia. No tienes que esforzarte para que te amen. Simplemente debes ser quien eres. Espero que cada día seas más como eres realmente.

Claves para liberarte del autoabandono

- **Las cosas que practicamos se nos van dando mejor.** Dedica al menos cinco minutos al día a saborear sensaciones placenteras: el primer sorbo de café por la mañana, el tacto cálido del sol en la piel o el abrazo de un ser querido, el sonido de la risa o de la lluvia sobre el tejado, el olor a pan horneado. Tómate un tiempo para sentir la alegría y regodearte en ella.

- **Trabaja, ama, juega.** Haz una tabla con las horas que estás despierto cada día de la semana. Clasifica el tiempo que inviertes cada día trabajando, amando y jugando. (Algunas actividades podrían encajar en más de una categoría; en ese caso, utiliza todas las etiquetas que convengan.) Al acabar, suma las horas totales que inviertes en trabajar, amar y jugar en una semana normal. ¿Las tres categorías están más o menos equilibradas? ¿Cómo podrías planificar de otra manera los días para dedicar más tiempo a aquello que actualmente está recibiendo menos?

- **Date un poco de amor.** Piensa en un momento de la semana pasada en que alguien te exigiera algo o te pidiera un favor. ¿Cómo respondiste? ¿Respondiste por inercia? ¿Por necesidad? ¿Por deseo? ¿Cómo afectó al cuerpo esa respuesta? ¿La respuesta fue buena para ti? Ahora piensa en un momento de la semana pasada en que pediste —o quisiste pedir— la ayuda de alguien. ¿Qué dijiste? ¿Cómo fue la cosa? ¿La respuesta fue buena para ti? ¿Qué puedes hacer hoy para ser egoísta, para darte amor y cuidado?

CAPÍTULO 4

UN TRASERO PARA DOS ASIENTOS

La cárcel de los secretos

En húngaro tenemos un dicho que se puede traducir por: Quien entre dos sillas se sienta da con el trasero en tierra.

Si vives una doble vida, te acabará pasando factura.

Cuando eres libre puedes vivir una vida auténtica, dejas de estar sentado a horcajadas entre dos sillas —entre tu yo ideal y tu yo real— y empiezas a ser congruente. Aprendes a sentarte en la silla de tu propia satisfacción.

Cuando Robin vino a verme, le estaba costando seguir sentada entre las dos sillas y su matrimonio estaba a punto de irse a pique. Se había cansado de satisfacer las estrictas exigencias de su marido y el matrimonio había perdido toda su pasión y su sentido. Tenía la sensación de necesitar una mascarilla de oxígeno solo para pasar el día. En busca de cierta liberación y alegría, tuvo una aventura.

Poner los cuernos es arriesgado. No hay nada más excitante que un nuevo amante. En una cama nueva no se habla sobre quién tiene que sacar la basura, ni a quién le toca llevar a los niños del barrio al futbol. Es todo placer, sin responsabilidades. Y es temporal. Cuando empezó la aventura, Robin se sintió viva y alegre durante un tiempo, más optimista, más satisfecha, capaz de tolerar el *statu quo* en casa porque ya estaba saciando su sed de afecto e intimidad en otra parte. Pero entonces su amante le dio un ultimátum. Tenía que escoger: su marido o él.

Reservó la primera sesión conmigo porque estaba bloqueada y era incapaz de decidirse. En su primera cita, fue dando vueltas y detallando los pros y contras de dos opciones aparentemente imposibles. Con el divorcio su amante no la dejaría, pero sería desolador para sus dos hijos. Aunque, si seguía casada, tendría que renunciar a la única persona que la hacía sentirse observada y querida. Era la felicidad de sus hijos o su propia satisfacción.

Pero la decisión fundamental que debía tomar no concernía al hombre con quien quería estar. Lo que estaba haciendo con su marido —ocultarle información, esconderse, mantener secretos— lo seguiría haciendo con su amante, o en cualquier relación romántica, hasta que decidiera cambiar. Su libertad no consistía en elegir al hombre idóneo, sino en encontrar el modo de expresar sus deseos, esperanzas y miedos en cualquier relación.

Por desgracia, este problema es habitual. Incluso un matrimonio nacido de la pasión y la conexión se puede convertir en una especie de celda. El cambio es gradual y muchas veces es difícil ver cuándo o cómo se erigen los barrotes. Hay algunas intromisiones comunes: la ansiedad por temas de dinero, el trabajo, los hijos y la familia extensa o la enfermedad. Y como la gente no tiene el tiempo ni los recursos para resolver estas fuentes de irritación, van aumentando la inquietud, el dolor y la ira. Al cabo de un tiempo se hace aún más complicado expresar estos sentimientos porque generan tensión o discusiones, así que es preferible evitar de plano estos temas. Y antes de que se den cuenta, dos personas están viviendo vidas separadas. Se ha abierto la puerta a que venga alguien de fuera e intente llenar lo que se ha perdido.

Cuando una relación se tuerce, no es culpa de una sola persona. Ambas partes están haciendo cosas para mantener la distancia y echar leña al fuego. El marido de Robin era perfeccionista. La criticaba, la juzgaba y era difícil de complacer. Al principio, a ella le costó reconocer que también estaba haciendo cosas para empeorar la relación: alejarse, irse a otra habitación, aislarse y desaparecer. Y sobre todo, estaba manteniendo en secreto su infelicidad. La aventura era un secreto menor. El principal secreto era todo lo que había empezado a ocultar por costumbre a su marido: sus altibajos diarios, sus penas y placeres, su nostalgia y su dolor.

La honestidad empieza por aprender a contarnos la verdad.

Le dije a Robin que la seguiría tratando si quería, pero solo si suspendía temporalmente la aventura e intentaba tener una relación más honesta consigo misma.

Le pedí que hiciera dos ejercicios. El primero lo llamo Constantes Vitales. Es una forma rápida de tomarte la temperatura, de hacerte una idea de cómo estás por dentro y de las vibraciones que estás volcando sobre el mundo. Nuestra comunicación es constante, incluso cuando no decimos nada. El único estado en el que no nos comunicamos es el coma. Varias veces al día, intenta hacer un esfuerzo consciente por analizar el estado de tu cuerpo, por pre-

LA HONESTIDAD EMPIEZA POR APRENDER A CONTARNOS LA VERDAD.

guntarte: «¿Siento suavidad y calidez, o siento frío y agarrotamiento?».

A Robin no le gustó ver que a menudo estaba agarrotada, rígida y cerrada. Con el tiempo, el acto de tomarse la temperatura emocional la ayudó a ablandarse. En ese momento añadí el segundo ejercicio, la Interrupción del Patrón: un método para reemplazar a conciencia una respuesta habitual por otra. Cuando Robin sentía el deseo de alejarse de su marido o de ocultarle algo, hacía el esfuerzo deliberado por no desaparecer. Enternecía los ojos y miraba a su marido con cariño, algo que llevaba mucho tiempo sin hacer. Una noche, cenando, le tomó dulcemente la mano.

Fue un pasito hacia la intimidad. Aún tenían que arreglar un montón de cosas para reconstruir su relación, pero habían empezado.

Mientras ocultemos partes de nosotros mismos o reneguemos de ellas, no podremos curarnos. Las cosas que silenciamos o encubrimos se convierten en rehenes en el sótano e intentan llamar nuestra atención con una desesperación creciente.

Lo sé porque intenté ocultar mi pasado durante años, escondiendo lo que me había sucedido, el dolor y la rabia. Cuando Béla y yo huimos de la Europa comunista después de la guerra y llegamos a los Estados Unidos con nuestra primera hija, queríamos ser normales. No quería ser la náufraga que era, una madre que había sobrevivido al Holocausto. Trabajé en una fábrica textil cortando los hilos sueltos de las costuras de ropa interior para niños. Me pagaban siete céntimos la docena y me aterrorizaba decir algo en inglés por miedo a que el resto detectara mi acento. Solo quería encajar, ser aceptada. No quería que la gente se compadeciera de mí. No quería que se me vieran las cicatrices.

No fue hasta al cabo de unas décadas, cuando estaba acabando mi formación como psicóloga clínica, cuando me di cuenta del precio de mi doble vida. Estaba intentando curar a otros sin curarme a mí misma. Era una impostora. De puertas afuera era una médica. De puertas adentro, una aterrorizada chica de dieciséis años que estaba temblando, oculta tras un manto de negación, exceso de éxito y perfeccionismo.

Hasta que fui capaz de afrontar la verdad, fui esclava de mi secreto y él lo fue de mí.

Pero ese secreto también tenía presos a mis hijos en aspectos que aún no he comprendido del todo. Los recuerdos de la infancia que han compartido conmigo Marianne, Audrey y John —el miedo y la tensión subyacentes que notaban, sin saber a qué se debían— se parecen a las cartas que he recibido de gente de todo el mundo cuyos padres sobrevivieron al Holocausto.

Ruth, hija de dos sobrevivientes del Holocausto, me contó cuánto le había afectado el silencio de sus padres mientras estaba creciendo. Por un lado, había tenido una infancia magnífica. Su padre y su madre se mostraban felices y aliviados de haber emigrado a Australia. Estaban contentos de haber podido ofrecer a sus hijos una buena educación, de haberlos enviado a clases de *ballet*, de haberlos criado en un entorno pacífico, de celebrar sus éxitos y amistades. «Tuvimos suerte», solían decir. «Gracias a Dios». No había un sustrato traumático evidente.

Pero había una desconexión entre la experiencia interna y externa de Ruth. El optimismo constante de sus padres con el presente y su silencio perpetuo respecto al pasado le generaron ansiedad. Había un halo que permeaba cualquier experiencia, por más placentera o mundana que fuera. Heredando el trauma y el miedo tácitos de sus padres, ella también acabó creyendo que había algo fuera de lugar, que iba a pasar algo terrible. Se convirtió en una psiquiatra de éxito y fue madre, pero a pesar de todos sus triunfos, seguía teniendo una sensación de terror permanente. Y se preguntaba por qué se sentía así. Ni siquiera su formación profesional en psiquiatría le aportó la clave para entenderlo.

Cuando el hijo pequeño de Ruth cumplió diecinueve años, le pidió que los llevara a él y a su hermano a Hungría. Quería averiguar más cosas sobre sus abuelos, que ya habían muerto. Viendo el auge de la extrema derecha por todo el planeta, y entendiendo que los que no conocen la historia están condenados a repetirla, se sentía especialmente obligado a saber más cosas sobre el pasado. Pero Ruth se negó completamente. Ya había estado en Hungría de joven, durante el apogeo del comunismo, y no había sido una experiencia agradable. No tenía ningunas ganas de volver.

Entonces una amiga le recomendó un libro: *¡La bailarina de Auschwitz!* Leyéndolo, encontró el coraje y la necesidad imperiosa de afrontar el pasado de sus padres, así que aceptó hacer el viaje.

Resultó que redescubrir el pasado de sus padres con sus hijos fue una experiencia muy transformadora y saludable. Visitaron una sinagoga en cuyo interior había una exposición sobre el gueto de Budapest. Por primera vez vio imágenes que ilustraban detalladamente lo que había vivido su madre. Asimilar la verdad fue doloroso y difícil, pero también la ayudó y la afianzó. Vio desde un nuevo ángulo a sus padres y estableció un nuevo vínculo con ellos; entendió por qué habían sido tan reticentes a hablar del pasado y se dio cuenta de que estaban tratando de protegerla a ella y a sí mismos. Pero ocultar la verdad o quitarle importancia no protege a nuestros seres queridos. Protegerlos significa esforzarse por curar el pasado para que no les transfiramos el trauma sin querer. Cuando Ruth plantó cara al legado de su familia, consiguió encajar las piezas del rompecabezas. Fue capaz de asimilar la raíz de su ansiedad y pudo empezar a perderla.

Yo no comencé a curarme hasta que un compañero de la Universidad de Texas me dio un ejemplar de *El hombre en busca de sentido,* de Viktor Frankl, y encontré el valor de leerlo. Tenía un sinfín de excusas y de razones para resistirme: «No necesito leer el relato de otra persona sobre su paso por Auschwitz —me decía—. ¡Yo ya estuve! ¿Por qué volver a sentir todo ese dolor? ¿Por qué abrir la puerta a las pesadillas? ¿Por qué volver al infierno?». Pero cuando al fin empecé el libro, lo hice en medio de la noche, mientras la familia dormía y el silencio reinaba en la casa. Sucedió algo inesperado: me sentí vista. Frankl había estado en la misma situación que yo. Parecía que me estuviera hablando a mí directamente. Nuestras experiencias no eran idénticas. Él fue encarcelado cuando tenía treinta y pico y ya era un psiquiatra de renombre; yo era una gimnasta de dieciséis años y una estudiante de *ballet* embelesada con su novio. Pero el modo en que escribía acerca de nuestro pasado en común me cambió la vida. Vi abrirse una nueva posibilidad ante mí; una vía para dejar de guardar secretos y esconderme, para dejar de luchar y huir del pasado. Sus palabras —y luego su orientación— me infundieron el valor y la inspiración para afrontar y expresar la verdad, para contar mi secreto y reclamar mi verdadero yo.

Es imposible ajustar cuentas y liberarnos cuando guardamos secretos, cuando nos regimos por un código de negación, ilusión o minimización.

A veces, la obligación de guardar un secreto es tácita o inconsciente. A veces, otras personas nos compran el silencio con amenazas o a la fuerza. De cualquier modo, los secretos son perjudiciales porque crean y sustentan un clima de vergüenza, y la vergüenza es la base de cualquier adicción. La libertad viene de afrontar y decir la verdad; y, como exploraremos en el próximo capítulo, esto solo es posible cuando creamos un clima de amor y aceptación en nuestro interior.

Claves para liberarte de los secretos

- **Quien entre dos sillas se sienta da con el trasero en tierra.** Coloca dos sillas una al lado de la otra. Empieza sentándote en una silla sin cruzar las piernas. Nota cómo se apoyan los pies sobre el suelo. Nota cómo se acomodan los huesos de la pelvis contra el asiento. Nota cómo la columna se estira y se separa de la pelvis, cómo la cabeza sobresale del cuello. Relaja los hombros alejándolos lo más posible de las orejas. Respira hondo unas cuantas veces para relajarte, estirándote al inhalar y contrayéndote al exhalar. Ahora muévete y coloca una nalga en cada silla. ¿Qué sientes en los pies, la pelvis, la columna, el cuello, la cabeza y los hombros? ¿Cómo notas tu cuerpo y tu respiración cuando te sientas en dos sillas? Al final, vuelve a sentarte en una de las sillas. Coloca los pies y la pelvis en su sitio y estira la columna y el cuello. Has vuelto a casa. Fíjate en tu respiración mientras te reajustas y todo vuelve a su sitio.

- **La honestidad empieza por aprender a contarnos la verdad.** Prueba el ejercicio de las Constantes Vitales que Robin utilizó para curar su matrimonio. Varias veces al día, haz un esfuerzo consciente por analizar el estado de tu cuerpo y tómate la temperatura emocional. Pregúntate: «¿Siento suavidad y calidez, o siento frío y agarrotamiento?».

- **Cuenta la verdad en entornos seguros.** Los grupos de ayuda y los programas de doce pasos pueden ser un lugar ideal para compartir tu verdad y aprender de otros que están haciendo lo mismo. Encuentra una reunión por tu zona o por internet y rodéate de gente que pueda entender y empatizar con tu experiencia. Ve al menos a tres reuniones antes de decidir si te conviene o no.

CAPÍTULO 5

NADIE TE RECHAZA EXCEPTO TÚ

La cárcel de la culpa y la vergüenza

Tardé décadas en perdonarme por haber sobrevivido.

Me titulé en la universidad en 1969. Era una inmigrante de cuarenta y dos años con tres hijos. Tuve que armarme de mucho valor e invertir muchos recursos para aprender inglés y volver a estudiar. ¡Y me titulé con honores!

Pero no fui a la ceremonia de graduación porque me daba mucha vergüenza.

Como muchos sobrevivientes, en los años de posguerra tuve que hacer frente a un sentimiento de culpa abrumador. Habían pasado veinticuatro años desde que nos liberaron a mí y a mi hermana Magda, pero aún no entendía por qué yo había sobrevivido y mis padres, mis abuelos y seis millones más habían muerto. Incluso una ocasión de celebración y de éxito quedó embarrada por mi certeza de que era una persona defectuosa, sin derecho a ser feliz, que de algún modo todo lo malo era culpa mía, que solo era cuestión de tiempo antes de que todos descubrieran lo deteriorada que estaba.

La culpa aparece cuando una persona se condena a sí misma, cuando cree que es responsable de algo. Es importante separar la culpa del arrepentimiento. El arrepentimiento es una respuesta apropiada a una negligencia o un agravio que hemos cometido. Se parece más a la tristeza. Significa aceptar que lo pasado pasado está y no se puede deshacer, con lo que te permite estar triste. Puedo sentir arrepentimiento y reconocer que todo lo que he vivido, todas las decisiones que he tomado, me han conducido hasta aquí. El arrepentimiento está en el presente y puede coexistir con el perdón y la libertad.

Pero la culpa te atasca. Se inspira en la vergüenza: cuando crees que no eres digno; cuando piensas que no eres suficiente, que nada basta, hagas lo que hagas. La culpa y la vergüenza pueden ser extenuantes, pero no reflejan de verdad quiénes somos. Son una mentalidad que escogemos y en la que encallamos.

Siempre puedes elegir qué hacer con la información que te brinda la vida. Una vez di una plática y, a media presentación, un hombre de aspecto solemne salió de la sala. Me quedé casi paralizada sobre el escenario, atrapada en una vorágine de pensamientos negativos sobre mí misma: «No sirvo para esto. No me merezco que me hayan invitado a hablar en esta conferencia. Esto me queda grande». Unos minutos más tarde, se abrió la puerta del auditorio y ese mismo hombre volvió a entrar y se sentó. Probablemente se había levantado para ir por agua o al baño, pero yo ya me había puesto el pie.

Nadie nace avergonzado. Pero a muchos de nosotros nos empiezan a inculcar la vergüenza muy pronto. Cuando Lindsey, la mayor de mis nietos, iba a primaria, la metieron en una clase para niños «con talento especial» (solo con pensar en esta etiqueta me pongo nerviosa… ¡Todos los niños tienen un talento especial y son gemas únicas!). A veces le costaba seguir el ritmo y su maestro empezó a llamarla «la rezagadita». La maravillosa Lindsey se tomó a pecho las palabras de su maestro y se convenció de que no era lo bastante buena para estar en esa clase, que no encajaba ni valía lo suficiente. Iba a tirar la toalla, pero hablé con ella sobre lo importante que era no permitir que su maestro la definiera. Así que se quedó en la clase y, años más tarde, cuando escribió la carta de acceso a la universidad, la tituló «Cuando la rezagadita se convirtió en la portaestandarte». Acabó titulándose con matrícula en Princeton.

A mí también empezaron a inculcarme la vergüenza muy pronto, a los tres años, cuando me volví bizca. Antes de operarme para corregir el ojo, mis hermanas me cantaban canciones crueles en las que me decían que era tan fea y enclenque que nunca iba a encontrar marido. Incluso mi madre decía: «Suerte que eres inteligente, porque eres más bien feíta...». Estos mensajes eran difíciles de digerir y de olvidar, pero lo cierto es que el problema no era lo que me decía mi familia, sino lo que yo pensaba.

Y seguí pensándolo.

Cuando Marianne y Rob vivían con sus hijos en La Jolla, solía ir a su casa cada lunes a hacer la cena. A veces cocinaba un plato típico de los Estados Unidos, a veces algo húngaro. Para mí, era el mejor momento de la semana: daba de comer a mis nietos y me sentía parte de su día a día. Una noche, yo estaba en la cocina con cazuelas hirviendo y sartenes crepitando al fuego. Marianne llegó a casa del trabajo con su bonito traje de seda e inmediatamente comenzó a sacar tapas del

> LA LIBERTAD CONSISTE
> EN ACEPTAR NUESTRO
> SER ÍNTEGRO
> E IMPERFECTO
> Y RENUNCIAR
> A LA NECESIDAD
> DE SER PERFECTOS.

armario y a emparejarlas con la cazuela correcta. Se me encogió el corazón. Yo intentaba ayudar y hacer feliz a mi familia y allí estaba ella enseñándome que no lo estaba haciendo bien, que no era lo bastante buena. Tardé un poco en darme cuenta de que el mensaje de mi fracaso no venía de Marianne, sino de mí. Para contrarrestar mi convicción de que era una persona defectuosa, busqué la perfección, pensando que podría lograrla y zafarme de la vergüenza con mis actos. Pero somos humanos, sin más ni menos, y ser humano significa ser falible. La libertad consiste en aceptar nuestro ser íntegro e imperfecto y renunciar a la necesidad de ser perfectos.

Al fin y al cabo, la culpa y la vergüenza no vienen de fuera. Vienen de dentro. Muchos de mis pacientes acuden a terapia cuando están pasando por un divorcio o una ruptura difíciles. Lamentan que una relación se haya acabado y que todas las esperanzas, los sueños y las expectativas que representaban se hayan desvanecido. Pero normalmente no hablan de su tristeza, sino del sentimiento de rechazo. «Me ha rechazado». Pero el rechazo solo es una palabra que inventamos para expresar lo que sentimos cuando no conseguimos lo que queremos. ¿Quién ha dicho que todo el mundo debería amarnos? ¿Qué dios ha dicho que deberíamos conseguir lo que queremos, cuando lo queremos y del modo en que lo queremos? ¿Y quién ha dicho que tenerlo todo sea garantía de algo? Nadie te rechaza excepto tú.

Así pues, elige el sentido que das a las cosas. Imaginemos que doy un discurso y recibo una gran ovación. Luego abrazo a cien personas que me saludan con lágrimas en los ojos y dicen: «Me ha cambiado la vida», pero una persona me da la mano y dice: «Su plática estuvo muy bien, pero...». Tengo que decidir cómo responder. Puedo caer en un torbellino de inseguridad y pensar: «Por Dios, ¿qué he hecho mal?», o puedo asumir que la crítica podría tener más que ver con la gente que la hace que conmigo, con las expectativas que tenían de la plática, o con lo fuertes e inteligentes que se sienten al encontrar algo que criticar. O me puedo preguntar a mí misma si hay algo útil que pueda ayudar a afianzar mi crecimiento y mi creatividad. Puedo hacer caso a sus sugerencias o ignorarlas. Puedo decir: «Gracias por su opinión», y seguir mi camino.

Una vez nos hemos liberado de la vergüenza, no permitimos que las opiniones de los demás nos definan.

Y sobre todo, decidimos cómo hablamos con nosotros mismos.

Pasa un día entero oyendo tus pensamientos. Fíjate en las cosas a las que prestas atención, eso es lo que refuerzas. Estos pensamientos influirán en cómo te sientas. Y cómo te sientas dictará cómo te vas a comportar. Pero no tienes por qué regirte por estas pautas y estos mensajes. La vergüenza no es innata. Tu auténtico yo es hermoso en sí mismo. Naciste con amor, alegría y pasión y puedes reescribir tu guion interno y reclamar tu inocencia. Puedes convertirte en una persona completa.

Hasta donde le alcanza a Michelle la memoria, la gente que se la ha encontrado por la calle siempre le ha dicho: «Daría lo que fuera por estar contigo». Es alta, delgada, hermosa, tiene una carrera de éxito y desprende una energía encantadora y tierna que atrae a la gente. Desde afuera está perfectamente; por dentro, se está desgarrando.

En mi práctica profesional he visto esta devastadora dinámica en incontables ocasiones: un marido entusiasta y una esposa que es una fantástica actriz (y una «anfitriona de diez»). Ella es un sol y es generosa, pero no se cuida mucho. Él también es actor: es cariñoso y romántico cuando tienen compañía, pero en privado se convierte más en su jefe o su padre, le dice lo que debe hacer y lo que no, cómo debería invertir su tiempo y su dinero. Para contentar y apaciguar a su marido, acomodándose a su dominio, la esposa abdica de su poder como adulta y le deja tomar todas las decisiones. Y luego se venga privándose de comer, porque es lo único que puede controlar. Se desprende de sus sentimientos de impotencia y los minimiza, minimizándose literalmente a sí misma, empequeñeciendo más y más su cuerpo. En los casos más extremos, incluso cuando quiere empezar a comer otra vez descubre que no puede. Su cuerpo rechaza los nutrientes.

Michelle padecía un trastorno alimentario muy grave cuando empezó terapia (no conmigo, sino con un médico estupendo de su ciudad). Pero no fue la anorexia la que la llevó a buscar ayuda; fueron sus problemas matrimoniales. Su marido solía ser despectivo y cruel y la hacía sentir como una niña asustada con un padre furioso. Mentalmente sabía que era una mujer de mediana edad fuerte y triunfadora, no una niña desamparada. Pero por dentro estaba aterrorizada de hacerle frente. Cuando los arranques de él empezaron a afectar y asustar a sus hijos, Michelle supo que necesitaba soluciones nuevas.

Pero para aprender a valerse por sí misma tendría que abrir la puerta a su intensa vergüenza, a todo el dolor que estaba intentando reprimir con el ayuno. Cuando comenzó a comer otra vez —un proceso que yo siempre recomiendo seguir bajo la supervisión de un médico o en un programa con o sin hospitalización—, todos los traumas y sentimientos que había tratado de mantener a raya afloraron en tropel. Los abusos sexuales de la infancia, una madre desdeñosa y emocionalmente recluida, padres que la castigaban propinándole azotes o, aún peor, invisibilizándola, no diciéndole ni pío, tratándola como si no estuviera. Era abrumador volver a sentir el terror y el dolor, admitir el pasado. Solo podía hacerlo en pequeñas dosis. Se permitía sentir y luego se obligaba a pasar hambre; se permitía sentir, y otra vez a pasar hambre.

El proceso hizo aflorar un miedo atroz al abandono.

—Siempre me he aferrado a personas que entiendo que se preocupan por mí, que me escuchan, me aceptan tal como soy —decía Michelle—. Cuando era una niña, con quien me sentía segura era con mi maestro. Cuando me hice mayor fue con un profesor, luego mi terapeuta. Siempre hay alguien a quien me siento ansiosamente atada. En mi mente sé que soy una adulta de más de cuarenta años, sé que estoy a salvo y que la gente me aprecia. Pero muchas veces vuelvo a sentirme como esa niña de ocho años, aterrorizada de perder el amor, aterrorizada de que vaya a hacer algo que haga que los demás no me quieran.

Recuerda, eres la única persona a quien no perderás jamás. Puedes mirar afuera para sentirte querida, o puedes aprender a quererte a ti misma.

Hace tres años que empezó la terapia y Michelle ha hecho enormes progresos. Ahora come sano y en cantidad suficiente. Ya no se excede con el deporte. Es capaz de decirle a su marido que le ha dolido una crítica y utiliza técnicas de meditación para atenuar las respuestas de miedo de su cuerpo. Y sigue esforzándose por liberarse de la vergüenza que la atenaza, una vergüenza que se expresa en tres líneas de pensamiento nocivas: «Es culpa mía», «No me lo merezco» y «Podría haber sido peor».

Me dijo:

—No dejo de preguntarme por qué no hice las cosas de otra manera. Obviamente, sé que no fue culpa mía, todo lo que me pasó..., pero hay una parte de mí a la que aún le cuesta creerlo.

Si quieres controlar lo que piensas, primero analiza lo que estás haciendo y luego decide: ¿me está aportando poder o me lo está quitando? Antes de decir algo, sobre todo a uno mismo, hay que preguntarse: «¿Es algo bueno y afectuoso?».

La infancia de Michelle llegó a su fin cuando aparecieron los abusos sexuales y físicos a los ocho años, justo la edad a la que comienza a desarrollarse el lóbulo frontal y empezamos a pensar de forma lógica. Queremos entenderlo todo, pero hay ciertas cosas que no entenderemos jamás. A veces desarrollamos la culpa para adquirir una sensación de control sobre cosas que escapan completamente a nuestro poder, que no causamos ni elegimos.

—No busques más una razón para los abusos —dije— y empieza a adoptar la bondad. Elige un camino que seguir.

—Ya, la bondad... —dijo ella riéndose en voz baja—. Para mí, la bondad con los demás siempre me ha salido de forma natural. Lo que me cuesta es ser buena conmigo misma. En cierto modo, creo que no merezco la bondad en mi vida. No tengo claro que merezca ser feliz.

—Puedes decir: «Así era yo antes», y recuperar el poder sobre tus pensamientos. Solo necesitas una palabra: «permiso». «Me doy permiso para el placer». —Se le quebró la voz y le cayeron las lágrimas—. Querida, recupera el poder.

Pero en vez de eso, se estaba empequeñeciendo y diciéndose que todo podía ser mucho peor. Aunque me azotaban con una pequeña pala, al menos mis padres no me apagaban cigarrillos en el brazo, se solía decir.

La insté a dejar de pensar en lo que debía hacer. Le pedí que suavizara el lenguaje.

—Ten cuidado con cómo te hablas a ti misma —dije—. Acepta que te hirieron y escoge qué soltar y qué llenar de nuevo. Estás acostumbrada a quitar importancia a tu dolor y a querer hacerte más pequeña. Procura hacer otra cosa. Deshazte de la vergüenza y sustitúyela por la bondad, intentando llenar tu diálogo interno con frases como «Sí puedo, sí puedo, ¡lo haré!».

Una vez estaba de gira por el Medio Oeste dando conferencias y me invitaron a cenar con una familia encantadora. La comida era ecológica y deliciosa y la conversación fue agradable, pero, cuando felicité a la hija, la madre me dio una patadita por debajo de la mesa. Después, durante el café y el postre, me susurró:

> ¡ENAMÓRATE DE TI MISMO! NO ES NADA NARCISISTA.

—Por favor, no la alabe. No quiero que sea una engreída cuando se haga mayor.

Cuando intentamos ser modestos o que nuestros hijos lo sean, corremos el riesgo de ser menos de lo que somos, de no estar completos. Es la hora de darte un beso en la mano y decir: «¡Bravo! ¡Bien hecho!».

Querernos es la única base para estar completos, sanos y ser felices. ¡O sea que enamórate de ti mismo! No es nada narcisista. Una vez empieces a curarte, lo que descubrirás no será una persona nueva, sino la persona que realmente eres. La persona que siempre has sido, hermosa, nacida con amor y alegría.

Claves para liberarte de la culpa y la vergüenza

- **Lo has conseguido.** Si hay una parte de ti que odies o critiques habitualmente, imagínate siendo diminuto, tan minúsculo que puedas meterte en tu cuerpo y saludar a cada uno de tus órganos, a todas las partes que te conforman. Si crees que todo es culpa tuya, agarra tu corazón, abraza esa parte herida de ti e intercámbiala por una que ames. Dite esto: «Sí, he cometido un error. No por eso soy una mala persona. Las cosas que hago no representan todo lo que soy. Soy una buena persona». Si el trauma todavía pervive en ti, abrázalo, porque te sobrepusiste a él. Sigues aquí. Lo has conseguido. Desde que me rompí los huesos de la espalda durante la guerra, he tenido muchos problemas respiratorios, así que me gusta adentrarme en mí misma y saludar a mi sistema respiratorio y a mis pulmones. Encuentra esa zona vulnerable y dale amor para revertir la situación.

- **Lo que cuidas se hace más fuerte.** Escúchate hablar contigo mismo durante un día. ¿Dices sin parar «debería», «no debería» y «sí, pero...»? ¿Te dices cosas como «Es culpa mía», «No me lo merezco» o «Podría haber sido peor»? Sustituye estos mensajes de culpa o vergüenza diciéndote cosas amables y cariñosas a diario. Al despertarte por la mañana, ve al espejo y mírate con ternura. Di: «Tengo poder. Soy una buena persona, una persona fuerte». Luego bésate en el dorso de cada mano y sonríete al espejo. Di: «Te quiero».

CAPÍTULO 6

—

LO QUE NO PASÓ

La cárcel del dolor no resuelto

Un día vinieron a verme dos mujeres una detrás de otra. La primera tenía una hija hemofílica. Acababa de llegar del hospital y pasó la hora entera llorando, doliéndose intensamente por ver sufrir a su hija. La siguiente paciente venía del club de campo y también pasó la hora sollozando. Estaba disgustada porque le había llegado un Cadillac nuevo con un tono de amarillo que no le gustó.

A primera vista, su reacción parecía desproporcionada, y sus lágrimas, inmerecidas. Pero muchas veces una decepción esconde una pena mayor. Su vacío no atañía al Cadillac, sino a su relación con su marido y su hijo, el dolor y el resentimiento que sentía porque sus deseos respecto a su familia no se satisfacían.

Estas hermosas mujeres me recordaron uno de los principios básicos de mi oficio: el hecho de que la vida no vaya como queremos o esperamos es una experiencia universal. La mayoría sufrimos porque tenemos algo que no queremos, o porque queremos algo que no tenemos.

Toda terapia consiste en lidiar con el dolor. Es un proceso de afrontar una vida en que esperas una cosa y obtienes otra, una vida que te arroja cosas inesperadas e imprevistas.

Este es el paradigma de lo que afrontan la mayoría de los soldados en la guerra. He trabajado con muchos veteranos a lo largo de mi carrera y todos suelen decirme lo mismo: que se les envió a un sitio para el que no estaban preparados y que se les dijo una cosa y descubrieron otra.

Normalmente el dolor no atañe a lo que pasó. Atañe a lo que no pasó. Cuando Marianne fue al primer baile de preparatoria con un precioso vestido de seda naranja, Béla le dijo:

—Pásalo bien, amor. Cuando tu madre tenía tu edad, estaba en Auschwitz y sus padres estaban muertos.

EL ARREPENTIMIENTO ES EL DESEO DE CAMBIAR EL PASADO.

Me encendió la sangre. Mis hijos ya sabían que yo era una sobreviviente, pero ¿cómo se atrevía a echar mi pasado a espaldas de nuestra preciosa hija? ¿Cómo podía arruinarle la noche con algo que no tenía nada que ver con ella? Era completamente injusto. Totalmente inapropiado.

Pero también estaba molesta porque tenía razón. Yo nunca me pude poner un vestido de seda naranja e ir a bailar. Hitler me interrumpió la vida y la vida de millones de personas más.

Soy una prisionera y una víctima cuando minimizo o niego mi dolor; y una prisionera y una víctima cuando me aferro al arrepentimiento. El arrepentimiento es el deseo de cambiar el pasado. Es lo que percibimos cuando no logramos reconocer nuestra impotencia, que algo ya ha sucedido y que no podemos cambiarlo ni un ápice.

Ojalá mi madre hubiera tenido un referente mejor para ayudarla a superar la pérdida repentina que sufrió cuando tenía nueve años. Un día se despertó y vio que su madre, que dormía junto a ella, había dejado de respirar durante la noche. La enterraron ese mismo día. No tuvo tiempo para llorar su muerte y, durante todos los años que estuvo conmigo, mi madre arrastró un dolor no resuelto. Asumió de inmediato el cometido de cuidar a sus hermanos pequeños y cocinar para la familia, y fue testigo de cómo su padre se daba al alcohol para atenuar su tristeza y soledad. Cuando se casó y fue madre, el dolor había cristalizado y la conmoción y la tristeza de su temprana pérdida la oprimían como una jaula. Colgó un retrato de su madre en la pared encima del piano y le hablaba mientras hacía las tareas domésticas. La banda sonora de mi infancia consiste en oír a mi hermana Klara tocar el violín y a mi madre suplicar ayuda y fuerza a su madre muerta. Su dolor parecía una cuarta hija que necesitara atención constante. Es positivo sentir todos los aspectos del dolor: tristeza, ira e impotencia. Pero mi madre se quedó atascada allí.

Cuando tenemos un dolor no resuelto, tendemos a vivir con una ira incontenible.

Lorna tenía un hermano que bebía mucho. Una noche salió a dar un paseo, le atropelló un coche y murió. Un año más tarde, a ella aún le costaba aceptar que se había ido:

—¡Le dije un millón de veces que no bebiera! —dice—, ¿por qué no me escuchó? Me tendría que haber ayudado a cuidar de mamá. ¿Cómo pudo ser tan egoísta?

No puede cambiar el hecho de que fuera adicto al alcohol, que siguiera bebiendo como si nada pese a los grandes esfuerzos de su familia por intervenir, que estuviera ebrio cuando murió. No puede cambiar nada de nada, y es difícil aceptar la impotencia.

Cuando mis nietos eran pequeños, un alumno de su mismo colegio tomó una tarde su bicicleta, cruzó la calle sin mirar y murió atropellado. A Marianne le pidieron que hablara con sus compañeros de clase para ayudarles a procesar los complejos sentimientos que acompañan la pérdida, el modo en que nos obliga a asumir nuestra propia mortalidad, la fragilidad de la vida. Llegó preparada para abordar su tristeza y su miedo, pero la abrumadora respuesta de los alumnos a la tragedia no fue la tristeza, fue la culpa. «Podría haberlo tratado mejor», dijeron, o «Podría haber estado en mi casa, en vez de ir solo con la bici, pero no lo quería invitar nunca». Los alumnos nombraron todo lo que habrían podido hacer para impedir la muerte del muchacho. Al hacerse a sí mismos responsables, estaban buscando el control. Pero, mientras siguieran culpándose a sí mismos, estarían eludiendo el dolor.

No tenemos control, aunque nos gustaría tenerlo.

Superar el dolor implica dos cosas: eximirnos de la responsabilidad por todas las cosas que no dependen de nosotros y asumir las decisiones que hemos tomado y que no se pueden deshacer.

Marianne ayudó a los niños a citar todas las decisiones que no habían estado en sus manos: la decisión del muchacho de ir en bici aquel día, el recorrido que hizo, su atención (o falta de atención) cuando saltó de la acera a la calzada, la atención que la conductora había prestado (o no) mientras se acercaba a la intersección. Y les ayudó a abordar su arrepentimiento por las decisiones que habían tomado: las veces que no habían invitado al chico a dormir a sus casas o a fiestas de cumpleaños, los comentarios burlones, las veces que se habían reído o que habían callado cuando había sido blanco de alguna broma. Esta es la labor que tenemos que hacer en el presente: lamentar lo que pasó o lo que no, asumir la responsabilidad por lo que hicimos y lo que no y elegir cómo responder ahora. Por más sensibles que fueran a cómo podían herir o marginar a otros con su conducta, su compañero de clase no iba a volver. Pero podían aprovechar la oportunidad para estar más atentos, para ser más amables y compasivos.

Cuesta horrores estar donde estamos, en el presente; aceptar lo que sucedió y lo que sucede ahora y seguir adelante. Mi paciente Sue lleva dos décadas viniéndome a ver cada año, más o menos en el aniversario de la muerte de su hijo. Con veinticinco años, se disparó con el arma que su madre guardaba en el buró. Ahora lleva muerto casi el mismo tiempo que estuvo con vida y Sue aún se está recuperando, cayendo ocasionalmente en una espiral de culpabilidad. «¿Por qué tenía un arma? ¿Por qué no la guardé bien? ¿Por qué no me cuidé más de que no la encontrara? ¿Por qué no me di cuenta de su depresión y de sus problemas?». No hay forma de que se perdone a sí misma.

Claro que preferiría que no hubiera muerto. Se desvive por borrar todos los factores, determinantes o secundarios, que pudieron haber contribuido a su muerte. Pero su hijo no se quitó la vida porque ella tuviera una pistola. No se suicidó por nada que ella hiciera o dejara de hacer.

Pero, mientras siga en la culpa, no tiene que asimilar su muerte. Mientras se pueda seguir culpando, no tiene que aceptar que fue él quien decidió hacerlo. Si él la pudiera ver sufrir ahora, probablemente diría: «Mamá, me iba a matar igualmente. No quiero que tú mueras conmigo».

Es positivo seguir llorando por las personas que hemos perdido, seguir sintiendo el dolor, permitirnos estar tristes y aceptar que nunca vamos a dejar de estarlo. Una vez me invitaron a hablar en un grupo de apoyo y consuelo para padres. En las reuniones compartían recuerdos y fotografías, lloraban juntos y se hacían compañía. Fue bonito presenciar el método que tenían de afrontar el dolor en comunión y apoyo.

También detecté algunas formas en las que podía ayudarles a lograr más libertad dentro de su dolor. Por ejemplo, empezaban la reunión caminando en círculo y presentándose a sí mismos y al hijo que había fallecido.

—Yo perdí a mi hija. Se suicidó —dijo una persona.

—Yo perdí a mi hijo cuando tenía dos años —dijo otra.

Todos usaban el verbo «perder» a la hora de describir su dolor.

—Pero la vida no trata de objetos perdidos —les dije.

Se trata de regocijarse por que las almas de nuestros seres queridos vinieran a nosotros —a veces por unos pocos días, a veces durante muchas décadas— y de decirles adiós. Consiste en reconocer la tristeza y la alegría que coexisten en este momento y admitir ambos sentimientos.

Los padres dicen a menudo que darían la vida por sus hijos. En el grupo de luto oí a varios padres expresar el deseo de cambiarse por sus hijos fallecidos, de morir para que sus hijos pudieran vivir. Después de la guerra, yo me sentía igual. Habría muerto de buena gana para resucitar a mis padres y abuelos.

Pero ahora sé que, en lugar de morir por los muertos, puedo vivir por ellos.

Y vivir por mis hijos, nietos y bisnietos..., por todos mis seres queridos que aún están aquí.

Si no podemos superar la culpa y hacer las paces con nuestro dolor, estamos perjudicando a nuestros allegados, no honrando a los que han perecido. Tenemos que dejar en paz a los muertos, dejar de resucitarlos una y otra vez, dejarlos ir y vivir la mejor vida posible para que puedan descansar en paz.

Sofia está en una fase crítica de su dolor.

Su madre fue una maestra apasionada y una psicóloga reputada que terminó el máster a los cincuenta años (¡como yo!) y obtuvo el certificado en logoterapia de Viktor Frankl (¡como yo!), una teoría y un método para acompañar a los pacientes en su búsqueda del significado de la vida y la experiencia. A los setenta seguía trabajando y había publicado su primer libro, pero empezó a sentir un dolor en la espalda. Era una mujer excepcionalmente sana —Sofia no recuerda que tuviera ni un solo resfriado—, pero de repente dejó de comer y se empezó a saltar los actos familiares y sus obligaciones sociales porque le dolía demasiado la espalda. Consultó a un especialista, pero no le encontró nada malo. Fue de especialista en especialista buscando el origen del dolor, hasta que finalmente un gastroenterólogo le hizo las pruebas que revelaron su diagnóstico: tenía cáncer de páncreas en estadio cuatro. Murió al cabo de un mes.

Sofia se pasó de luto un año entero llorando desconsoladamente. El paso del tiempo ha mitigado la intensidad del golpe y de la tristeza, de forma que el dolor es menos visceral y desolador. Pero aun así está en una situación precaria, una encrucijada en la que puede elegir entre curarse o seguir encallada. Curarse no significa superar nada, pero sí significa que podemos estar heridos y completos, que podemos encontrar la felicidad y la satisfacción personal en nuestra vida a pesar de la pérdida.

—Murió tan de repente —me dijo Sofia—. No tuvimos tiempo para prepararnos y me arrepiento de tantas cosas...

—¿Te sientes culpable? ¿Crees que podrías haber hecho algo que no hiciste?

—Sí —dijo—, mi madre era muy fuerte. Nunca pensé que estuviera muriéndose. La regañaba por no comer. La intentaba ayudar, pero, si hubiera sabido que eran sus últimos días, habría reaccionado de otra manera.

Estaba maniatada por dos palabras: «y si». ¿Y si hubiera sabido que se estaba muriendo? ¿Y si hubiera sabido que estaba a punto de perderla? Pero estas palabras no nos infunden fuerzas; nos socavan.

Le dije a Sofia:

—En este momento puedes decir: «Si hubiera sabido entonces lo que sé ahora, habría hecho las cosas de otra manera». Y ese tiene que ser el fin de la culpa, porque le debes a tu madre revertirla. Detente y di: «Así era yo antes. Ahora empezaré a celebrar los recuerdos que nadie me puede quitar». La disfrutaste durante treinta y cuatro fantásticos años. Nunca habrá otra madre como ella. Nunca habrá otra terapeuta como ella. Por tanto, alégrate de la persona que fue y del tiempo que tuvieron y no eches a perder ni un momento más sintiéndote culpable, porque la culpa no engendra amor. Nunca.

La culpa nos impide disfrutar de los recuerdos y vivir plenamente en el presente.

—Cuando eres culpable, no puedes regodearte ni tener intimidad —le dije a Sofia—. Y estás empañando las cosas bonitas. El recuerdo de secarle el pelo a tu madre en el hospital, de ayudarla a sentirse todo lo elegante y guapa que quería estar en sus últimos días. El regalo que supuso el hecho de que se fuera deprisa, sin sufrir durante años y años, incapaz de controlar sus facultades.

A veces, al reírnos demasiado podemos sentirnos como si estuviéramos traicionando a los muertos, como si los estuviéramos abandonando por divertirnos demasiado, como si los olvidáramos por ser felices.

—Pero donde tienes que estar tú es bailando con tu marido —dije—, no en casa llorando por tu madre. Vamos, silencia esa vocecita que te regaña y te dice «Debería haber hecho tal cosa», «Podría haber hecho tal otra», «¿Por qué no hice eso?». Cuando eres culpable, no eres libre. Si tu madre estuviera sentada contigo aquí, ¿qué aspiraciones te diría que tiene para ti?

—Que mis hermanas y yo seamos felices. Que tengamos una vida plena.

—Y eso se lo puedes dar. Ten una vida plena. Celebra. Tienes toda la vida por delante. Me la imagino guiñándote el ojo, animándote. Así que cuida de tus hermanas y de tu marido. Ámense. Cuando tengas noventa y dos años me podrás recordar; verás que tu vida empezó cuando tu maravillosa madre murió y tomaste la decisión de tener una vida plena sin ser víctima de ninguna circunstancia. Ahora te toca a ti hacerle este regalo: decirle adiós. Dile adiós.

El dolor tiene muchas capas y sabores: tristeza, miedo, alivio, culpabilidad por haber sobrevivido, dudas existenciales, inseguridad, fragilidad. Nuestra comprensión íntegra del mundo se interrumpe y se reconfigura. Hay un aforismo que dice: «El tiempo cura todas las heridas». Pero yo no estoy de acuerdo. El tiempo no cura. Es lo que tú haces con ese tiempo.

Hay personas que compensan los raptos de tristeza intentando seguir como si nada: el trabajo, la rutina y las relaciones siguen estáticas. Pero, cuando has sufrido una gran pérdida, nada es igual. La tristeza nos invita a replantearnos las prioridades y volver a decidir: recuperar el vínculo con nuestra alegría y nuestro propósito, reafianzar nuestro compromiso de ser lo mejor que podamos en el presente, aceptar que la vida nos está apuntando en otra dirección.

Daniel es una de estas personas. Cuando el dolor le llamó a la puerta —cosa que nos sucede a ti, a mí y a todo el mundo—, no se contentó con vivir con el piloto automático, haciendo lo mismo una y otra vez.

> LA TRISTEZA NOS INVITA A REPLANTEARNOS LAS PRIORIDADES.

Quería cambiar de marcha y volver a recuperar el poder. Según dice él:

—A veces puede pasar algo tan traumático o trágico que tengamos que decidir entre seguir como hasta entonces o cambiar a mejor.

Su historia de pérdida comenzó como una historia de amor. Conoció a Tracy cuando tenía dieciocho años. Ambos eran aborígenes canadienses y estaban estudiando las mismas asignaturas en la universidad: Ciencia Medioambiental y Estudios Indígenas. Empezaron a hablar mucho y entablaron una buena amistad. Hablaban durante horas y horas, relajados y felices de hacerse compañía.

Sin embargo, ahora Daniel hace esta reflexión:

—Hubo muchas cosas de las que no hablamos y que probablemente deberíamos haber discutido.

Daniel tenía veinticinco años cuando se casaron y treinta cuando nació su hijo, Joseph. Se mudaron a la provincia de origen de Tracy, en la otra punta del país. Fue entonces cuando las cosas se empezaron a torcer. A ella le iba viento en popa tanto académica como profesionalmente. Había terminado el máster y empezó a trabajar en el doctorado; además, era una experta en temas medioambientales y una consultora muy demandada. Pero el hecho de volver a casa hizo aflorar todas las razones por las que se había ido inicialmente: el alcoholismo y la adicción a las drogas campaban a sus anchas en la comunidad y la violencia y las muertes eran el pan de cada día. Y, aunque Daniel todavía no lo sabía, volvía a estar cerca de los trágicos abusos que habían ocurrido en el seno de su propia familia. Cayó en una espiral de bebida y arrebatos de ira constantes, hasta que ella y Daniel se separaron. Joseph solo tenía dos años.

Hicieron todo lo posible para repartirse respetuosamente sus obligaciones como padres, acordaron la custodia compartida y procuraron no pelearse delante de su hijo. Pero la vida de Tracy estaba yéndose a pique. Le quitaron la licencia por conducir bebida, y en varias ocasiones en que Daniel había acompañado a Joseph a su casa, se había sentido incómodo y había tenido la impresión fugaz de que podía estar bajo los efectos de las drogas. Cuando le reveló estas sospechas, Tracy le dijo que estaba pasando por algunos baches personales, pero que lo tenía controlado.

Un día, preocupado por ella, Daniel dejó a Joseph en casa con una niñera y fue a verla. La encontró durmiendo en casa de un familiar, con resaca. Cuando se despertó parecía angustiada, así que se sentó en la cama a su lado. Entre sollozos, le reveló que dos familiares habían abusado sexualmente de ella cuando tenía doce años. A los dieciocho, se había enfrentado a sus padres: su madre se había quedado sentada frunciendo la boca y en absoluto silencio mientras su padre se lo echaba en cara, culpándola a ella por lo que había pasado. Daniel no daba crédito. Sabía que lo había pasado mal de pequeña, que tanto ella como sus hermanas habían sido víctimas de abusos físicos. Pero no tenía ni idea del abuso sexual. Le ayudó a entender lo mal que lo estaba pasando y le obligó a encender otras alarmas. Esto fue lo que le dijo:

—De ahora en adelante Joseph no puede estar con alguien capaz de hacerle eso a un niño. Esta es la nueva norma. No puede haber ningún contacto con tus padres hasta que saquen el tema y lo hablen.

Ella aceptó, pero al cabo de un mes le pidió el divorcio. Y un año más tarde, le dejó el niño a su padre para que lo vigilara. Cuando Daniel se enteró, la demandó ante los tribunales y se hizo de custodia exclusiva.

Con el visto bueno de Tracy, Daniel se mudó para estar más cerca de su familia. El plan era que Tracy también se mudara para estar cerca de Joseph y lejos del remolino de abuso y adicción que había en su hogar. Entretanto, Daniel iba llevando a Joseph a verla de vez en cuando, y a veces era ella la que iba a verlo a él. Era una sombra de sí misma. Tenía unas ojeras enormes y parecía aletargada y agitada. Cuando Daniel compartía con ella sus miedos, ella hacía como si nada, tensaba el rostro y lo miraba con los ojos ausentes.

Y entonces se esfumó.

Nadie sabe el día exacto en que desapareció. Hay quienes dicen que la vieron por última vez en compañía de un traficante de drogas. La última vez que vio a su madre, Joseph tenía cinco años.

—Fue espantoso —dijo Daniel—, increíble. Era una mujer de éxito. La comunidad la consultaba en cuestiones medioambientales. Siempre la había tenido por una gran persona. Ahora que reflexiono sobre ello, supongo que todas esas cosas estaban enterradas, nunca las había superado y le fueron pasando factura.

Antes ya estaba triste: por haber perdido a su mejor amiga como compañera de vida, por haber perdido el matrimonio y por haber perdido a la madre de su hijo. Pero ahora el desconsuelo era absoluto y terrible. Tracy se fue de repente y para siempre. Seguramente nadie sabría nunca por qué. Se había convertido en una de las incontables mujeres indígenas que desaparecen y son asesinadas en los Estados Unidos y Canadá, un colectivo con una tasa de homicidios hasta diez veces superior a la media nacional.

Daniel se sentía atrapado en una puerta giratoria, relatando todas las formas en que le había fallado, cada agravio contra ella en el que había caído o participado, todas las veces que no había entendido lo sola y lo desubicada que se debía de sentir en el mundo. Le sorprendió ver que su desaparición agitaba su propio dolor de antaño, cosas que no sabía que aún llevaba dentro, sin curar, las veces que no se había entendido o aceptado como niño, los ataques racistas que había sufrido en el colegio, los años que había pasado odiándose a sí mismo y valorando el suicidio, las dificultades que había tenido siempre para comunicar sus deseos y límites. Le habían enseñado a ser un tipo duro, a mantener la compostura, a aislarse, a reprimir sus sentimientos, todo en aras de seguir adelante. Ahora sucedía lo mismo. Con toda la buena intención del mundo, la gente le decía que hiciera de tripas corazón y fuera un hombre, que ella estaba en un sitio mejor y que Dios tenía un plan.

Tal vez todo esto fuera cierto:

—Pero no te ayuda a expulsar del cuerpo el dolor y el malestar —dijo. Durante tres años, la tristeza lo hizo sucumbir y lo mantuvo sepultado—. Podía trabajar, reírme y hacer mi vida, pero durante buena parte del tiempo iba en piloto automático.

Si se encendía un detonante, se sentía mal durante días o semanas. Y lo más triste es que sabía que no tenía los recursos para ayudar a Joseph a gestionar sus emociones.

No parecía haber ninguna salida. Asumió conscientemente que iba a estar deprimido y a ser infeliz durante el resto de su vida.

Pero, aunque estaba dispuesto a aceptarlo para sí, no lo quería para su hijo. El amor por Joseph era lo único que le salvaba, su impulso para cambiar.

Para aconsejar mejor a su hijo, Daniel empezó a leer sobre el proceso de duelo. Y el hecho de leer sobre ello lo llevó a hablar del tema. Empezó a hacer terapia y, mientras abordaba su propio duelo, descubrió una nueva vocación. Hizo un programa que lo certificaba para tratar a personas en duelo y se inscribió en un posgrado de Psicología. Se imaginó la vida que quería, repitiéndose continuamente y creyendo firmemente que iba a suceder, aunque aún no supiera cómo.

Ahora, mientras acaba el posgrado Daniel trabaja con servicios sociales y visita escuelas públicas para asesorar a niños y adolescentes problemáticos en fase de duelo, muchos de los cuales llevan bajo tutela desde que tenían dos o tres años. Dice que buena parte de la terapia consiste en estar callado y respetar el espacio. A veces salen a pasear, encienden una fogata o se van al McDonald's y comen sin mediar palabra.

—Mi carrera me obliga a seguir practicando —dijo—. Ayudando a otros a cruzar el bosque por el que yo mismo transité, reflexiono y me ayudo constantemente. No dejo de pensar en Tracy, teniendo presente dónde y cómo estoy.

En mi experiencia, el duelo nos puede unir o separar. Pase lo que pase, no volvemos a ser los mismos. Daniel es un bello ejemplo de que el duelo nos puede llevar en una buena dirección.

Y su historia nos recuerda que el duelo no es algo que hagamos una sola vez. Siempre formará parte de nuestras vidas y relaciones. Y a medida que Joseph crezca y madure, Daniel tendrá que volver a plantearse cómo hablarle de su madre. Siempre habrá preguntas sin respuesta.

Habrá cosas que no entenderás nunca. Ni lo intentes.

Hay demasiadas razones por las que esto o eso otro sucedió, o no sucedió; demasiadas razones por las que estamos aquí; por las que hacemos lo que hacemos. El duelo nos obliga a poner negro sobre blanco qué me atañe a mí, qué te atañe a ti y qué atañe a Dios.

Cuando el *kapo* de Auschwitz señaló hacia el humo que salía de los hornos y dijo: «Ya pueden hablar de su madre en pasado, porque está muerta», mi hermana Magda me dijo: «El alma nunca muere». Tiene razón. Cuando voy a hablar a una universidad, lo hago por amor a mis padres, para poder mantener vivo su recuerdo, para aprender del pasado y que no se repita.

Y hablo con mis padres. No hablo con la melancolía

con que mi madre pedía ayuda a la abuela. Lo hago para cultivar el lugar de mi corazón donde aún viven sus almas. Lo hago para que vean lo rica y plena que es mi vida, para que vean cuánto me permitieron crecer y prosperar.

Yo heredé el ojo de mi padre por la moda y la costura, así que cada vez que me visto le digo: «¡Papá, mírame! Siempre decías que iba a ser la chica mejor vestida del pueblo». Cuando voy de pipa y guante, cuando siento esta satisfacción y *chutzpah*,[1] lo entiendo como un ritual en honor a mi padre.

A mi madre le doy las gracias. Por su sabiduría, por enseñarme a encontrar mi fuerza interna. Incluso le doy gracias por las veces que me dijo: «Suerte que eres inteligente, porque eres más bien feíta...». Gracias, mamá, por hacerlo lo mejor posible con lo que tenías. Gracias por la fuerza que tuviste para cuidar de tu padre, alcohólico y melancólico, para alimentar y sustentar a tu familia y a la nuestra. Gracias por inspirarme a descubrir mis recursos internos. Te quiero. No te olvidaré jamás.

El duelo es algo difícil, pero también puede sentar bien. Puedes revivir el pasado. Incluso lo puedes aceptar. No estás atascado ahí. Ahora estás aquí y eres fuerte.

Eres capaz de asimilar lo que pasó y lo que no. Y puedes poner el acento no en lo que perdiste, sino en lo que queda: elegir vivir cada momento como un regalo, aceptar las cosas como son.

1. N. del T.: *Chutzpah* es un término hebreo que hace referencia al descaro, sea negativo o positivo.

Claves para liberarte del dolor no resuelto

- **Deja en paz a los muertos.** El dolor cambia, pero no desaparece. Negarlo no te ayudará a curarte, ni te ayudará a pasar más tiempo con las personas fallecidas que con las vivas. Si ha muerto un ser amado, invierte treinta minutos al día en honrar a esa persona y su pérdida. Toma una llave imaginaria, abre tu corazón y libera tu dolor. Llora, grita, escucha música que te recuerde a tu ser querido, mira fotos, relee viejas cartas. Expresa y abraza tu dolor al cien por ciento. Cuando hayan pasado los treinta minutos, vuelve a guardar bien a tu ser querido en el corazón y regresa a tu vida.

- **El alma nunca muere.** El duelo nos puede conducir por buen camino, hacia una vida con más alegría, sentido y propósito. Habla con el ser amado que ha fallecido. Di que le das las gracias por los recuerdos que conservas de él o de ella, las cosas que te enseñó, los regalos que llevas contigo porque esa persona entró en tu vida. Y luego pregúntale: «¿Qué deseas para mí?».

CAPÍTULO 7

NADA QUE DEMOSTRAR

La cárcel de la rigidez

Cuando una pareja me dice que no discute nunca, les digo que entonces tampoco intiman.

El conflicto es humano. Cuando lo evitamos, lo cierto es que nos estamos acercando más a la tiranía que a la paz. El conflicto en sí mismo no nos encarcela. Lo que nos atrapa es la mentalidad rígida con que solemos gestionarlo.

Los barrotes de una mentalidad rígida pueden ser difíciles de distinguir, porque a menudo están bañados en buenas intenciones. Muchas personas vienen a terapia porque quieren mejorar su relación, encontrar una forma mejor de comunicarse con sus parejas o sus hijos, tener más paz e intimidad. Pero muchas veces descubro que no están haciendo terapia para aprender a gestionar el conflicto; quieren mi ayuda para convencer a otros de que acepten su punto de vista. Si vienes con un propósito en mente, si llevas la cuenta de los agravios que te han hecho o si estás intentando cambiar a alguien, significa que no eres libre. La libertad estriba en aceptar el poder de elegir tu propia respuesta.

Mis pacientes lo dicen constantemente: «Quiero que haga...». ¡Te estás expresando mal! No puedes esperar que otra persona quiera algo. Lo único que puedes hacer es descubrir lo que a ti te conviene.

Esta es una de las herramientas clave para gestionar el conflicto: deja de negar la verdad de otros. A mí me encanta el bocadillo de lengua de vaca, pero tengo un amigo que dice: «¿Cómo te puedes comer eso? Me dan náuseas solo de pensarlo». ¿Quién tiene razón, pues? Él la tiene en lo que le concierne, y yo la tengo por lo que a mí respecta. No tienes que estar conforme. No tienes por qué renunciar a tu verdad; y por favor, ¡no lo hagas nunca! La libertad consiste en desistir de la necesidad de tener razón.

Décadas después de la guerra, cuando me percaté de que necesitaba volver a Auschwitz y afrontar el pasado, invité a mi hermana Magda a ir conmigo. Como prisioneras nos habíamos escudado la una en la otra; cada una había sido la razón para vivir de la otra. Quería regresar con ella al lugar donde asesinaron a nuestros padres. Quería enfrentarme a lo que pasó, llorar, visitar ese santuario del terror y la muerte y decir: «¡Lo conseguimos!». Pero mi hermana pensó que yo no tenía dos dedos de frente. ¿Quién querría volver por voluntad propia al infierno? Mi hermana, la persona del planeta que más cosas compartió conmigo, la persona a quien yo atribuía mi sobrevivencia, mostró una respuesta completamente diferente a una misma experiencia común. Y ninguna de las dos tenía más razón que la otra, ninguna era mejor que la otra ni estaba más sana. Yo tengo razón en lo que a mí me toca; Magda, en lo que a ella le toca. Ambas somos humanas; personas hermosas que se equivocan, ni más ni menos. Y ambas estamos en lo cierto. Volví a Auschwitz sola.

Esto es lo que creo que Jesús tenía en mente cuando nos aconsejó «poner la otra mejilla». Cuando pones la otra mejilla, observas lo mismo desde otra perspectiva. No puedes cambiar la situación, no puedes hacer cambiar de opinión a otra persona, pero sí puedes ver la realidad con otros ojos. Puedes aceptar y asimilar múltiples puntos de vista. Esta flexibilidad es nuestra fortaleza.

Es lo que nos permite ser asertivos, en vez de agresivos, pasivos o pasivo-agresivos. Cuando somos agresivos, decidimos por otros. Cuando somos pasivos, dejamos que otros decidan por nosotros. Y cuando somos pasivo-agresivos, impedimos a otros decidir por sí mismos. Si eres asertivo, hablas con declaraciones. Cuando quise volver a estudiar, tuve miedo de lo que iba a pensar Béla, de que no le gustara que pasara tiempo lejos de la familia, de que nos fueran a presentar como «la doctora y el señor Eger». Pero cuando eres una persona plena, una adulta, no tienes que pedir permiso a nadie. No pongas tu vida en manos de otro. Simplemente declara las cosas: «He decidido volver a estudiar y doctorarme». Facilita a la otra persona la información y la libertad que necesita para ser asertiva con respecto a sus necesidades, esperanzas y miedos.

La clave para conservar la libertad durante un conflicto es ser fieles a nuestra verdad, al tiempo que renunciamos a la necesidad de poder y control.

Resulta útil tratar a los demás tal como son, no como esperamos que sean. Tengo un paciente que discute mucho con su hija adolescente. En una sesión, estaba disgustado porque se había armado un enorme problema. Su hija había querido agarrar el coche y había perdido los estribos insultándolo y soltando palabrotas. Quería que yo fuera la jueza, que oyera las pruebas y declarara culpable a su hija, que me pusiera de su lado. Pero cuando nos quejamos amargamente, cuando decimos «que si me hiciste esto, que si me hiciste esto otro», no estamos ayudando a los demás, ni a nosotros mismos tampoco. Nadie crece con las críticas, así que despréndete de ellas. Nada de críticas. Ninguna, jamás.

Hacemos esto por los demás, pero por encima de todo por nosotros, para que podamos vivir sin crearnos expectativas irrealizables, sin la rabia que nos consume cuando estas no se satisfacen. Yo soy muy selectiva con la persona sobre la que voy a descargar mi ira porque, cuando estoy enojada, soy yo la que sufre.

Los conflictos tóxicos están muy relacionados con nuestra mentalidad: cuando pensamos en términos de superioridad o inferioridad. Un verano que Béla y yo estábamos viajando por Europa, me enteré de que la gira del Bolshoi Ballet iba a pasar por París mientras nosotros estábamos allí. Yo había soñado siempre con verlos actuar. Béla me compró una entrada y me acompañó al teatro, pero no quiso entrar. Yo pensaba que era por el dinero, que no quería gastar más comprando otra entrada. En el intermedio salí fascinada con el espectáculo y lo animé a entrar en la segunda mitad.

NADIE CRECE CON LAS CRÍTICAS.

—Hay butacas libres —dije—. Compra una entrada y ven a disfrutar conmigo. —Pero no quería entrar.

—Yo a los rusos no les doy dinero —dijo—. Ni hablar, después de lo que los comunistas me hicieron en Checoslovaquia.

Se había convencido de que esta era la forma de vengarse de las crueldades y el encarcelamiento al que lo habían sometido. Discutí con él, pidiéndole que lo repensara.

—Estos artistas no tienen nada que ver con lo que te pasó —le dije.

Pero, obviamente, no lo hice cambiar de opinión. Volví a entrar en el teatro y disfruté del resto del espectáculo, por mí. Por una parte, es una pena que no pudiera apartar su opinión y su ira, que no se sentara conmigo en la oscuridad a disfrutar de algo increíblemente bello. Por otra parte, tampoco puedo decir que mi solución fuera mejor que la suya. La solución de Béla era mejor para Béla; la mía era mejor para mí.

Muchos de nosotros vivimos como si tuviéramos algo que demostrar. Nos podemos volver adictos a tener la última palabra. Pero, si intentas demostrar que tienes razón o que eres una buena persona, te estás intentando convertir en algo que no existe. Todos los humanos nos equivocamos. Todos los humanos cometemos errores. No estás indefenso, pero tampoco eres ningún santo. No tienes que demostrar tu valía. Simplemente puedes aceptarla, celebrar que eres imperfecto y pleno, que nunca habrá nadie como tú. Olvídate de tus prioridades. Si tienes algo que demostrar, sigues siendo un prisionero.

Y esto es verdad incluso cuando alguien es desagradable con nosotros o nos hostiga.

Un día, la hija de una amiga mía llegó de la guardería muy dolida porque alguien de clase la había llamado «boba». Mi amiga me preguntó cómo podía ayudar a su hija a afrontar el conflicto. Es importante renunciar a la necesidad de defendernos. Probablemente todos nos toparemos con acosadores. Pero, si alguien te llama boba, no digas: «¡No soy boba!». No te defiendas de un delito que no has cometido. Se convierte en una mera lucha de poder. El acosador te arroja una

> SI TIENES ALGO QUE DEMOSTRAR, SIGUES SIENDO UN PRISIONERO.

cuerda, tú la agarras de un extremo y acaban los dos jalando y resoplando exhaustos. Dos no se pelean si uno no quiere. Pero uno de los dos tiene que parar. Así que no agarres la cuerda. Repítete este mensaje: «Cuanto más habla, más me relajo». Y recuerda que no es nada personal. Cuando alguien te llama bobo, en verdad está hablando de cómo se ve a sí mismo.

Una vez di una conferencia en Satyagraha House (Johannesburgo), la casa donde vivió Mohandas Gandhi, ahora convertida en un museo y lugar de acogida. Gandhi consiguió someter al Imperio británico sin derramar una sola gota de sangre y sin caer en un discurso de odio.

Este fue uno de los métodos que me ayudaron a sobrevivir a Auschwitz. Las palabras de deshumanización eran constantes: no vales nada, eres mierda, de aquí solo saldrás fiambre. Pero no me dejé vencer por esos insultos. De algún modo, tuve la suerte de saber que los nazis estaban más encarcelados que yo. Lo comprendí la noche que bailé para Mengele. Mi cuerpo físico estaba atrapado en un campo de exterminio, pero mi alma era libre. Mengele y los demás iban a tener que vivir siempre con lo que habían hecho. Yo estaba anestesiada por el azoramiento y el hambre, tenía terror por que me fueran a asesinar, pero tenía un santuario interior. Los nazis extraían su poder de la deshumanización y el exterminio sistemáticos. Mi fuerza y libertad provenían de mi interior.

Joy es un ejemplo ideal de cómo disolver esta mentalidad rígida. Estuvo casada muchos años con un hombre que la maltrataba. La trataba con desdén y desprecio, la insultaba, la castigaba económicamente y la amenazaba a menudo apuntándole con un arma en la cabeza. Sobrevivió escribiendo diarios y catalogando meticulosamente sus interacciones, lo que hacía y decía cada uno. Fue un intento por mantener la cordura y documentar la verdad diaria.

Cuando trabajo con una paciente que está en una relación abusiva, siempre digo esto: si tu pareja te pega aunque sea una vez, vete de inmediato. Ve a una casa de acogida temporal. Quédate con una amiga o un familiar. Llévate a los niños, pide ayuda y vete.

Si no te vas a la primera, el maltratador no te tomará en serio. Y cada vez que te maltrate, se irá haciendo más difícil irse. Lo más probable es que, cuanto más te quedes, más aumente la violencia. Y más difícil será revertir los aspectos psicológicos del maltrato, las cosas que él quiere que creas: que no eres nada sin él, que si te pega es por tu culpa. Cada minuto que te quedas, te estás poniendo en peligro. ¡Y vales demasiado para eso!

Cuando alguien te pega, es un toque de atención instantáneo. Ya sabes a qué te enfrentas. Irse no es fácil, pero, una vez eres consciente de que tu pareja es propensa a la violencia y que es capaz de ejercerla, ya tienes medio problema resuelto. Cuando el maltrato es más encubierto y psicológico, es posible que dudes de los indicios. Tal vez te preguntes: «¿De veras me está pasando esto?». Cuando alguien te inflige daño físico, lo sabes. Sí, está pasando. Sí, me tengo que ir.

Sin las huellas físicas del maltrato, para Joy era difícil finiquitar la relación. (He aquí otra experiencia común de la gente atrapada en una dinámica abusiva: el miedo —y muchas veces la realidad— de que no nos van a creer.) Al final, Joy se dio cuenta de que era solo cuestión de tiempo que su marido cumpliera sus amenazas. Se divorció y él se mató poco a poco con la bebida.

Cuando él murió, a ella le hirvió la sangre. Se había estado aferrando a la esperanza de que un día se disculpara por los años de crueldad, que reconociera sus errores y admitiera que ella había hecho bien en dejarlo. Cuando murió, ella tuvo que aceptar que se iba a quedar sin disculpa. Nunca iba a poder ganar el pulso. Tratando de hacer las paces con el pasado, volvió a los diarios que había guardado. Lo que leyó la dejó atónita: no lo cruel que había sido su marido, sino lo cruel que ella había sido con él.

—Yo maltraté a mi marido —dijo—. Pensaba que me estaba maltratando, pero yo le estaba pagando con la misma moneda. No le dejaba ver a los niños, lo privaba de cosas, usaba a los niños para meterme con él, solo porque quería hacerle daño. Estaba muy desesperada. Pensaba que no había otra salida. No podía ver más allá de esta terrible situación. Pero él no era el único que estaba arruinando nuestro matrimonio. Yo también.

Muchas relaciones volátiles son complicadas. Aunque no hay nada que justifique la violencia o el maltrato doméstico, normalmente no hay una persona que tenga razón y otra que no, un cónyuge bueno y otro malo. Ambos miembros están intoxicando la relación.

Cuando conocí a Alison, llevaba divorciada doce años. Sean, su exmarido, llegó a su vida poco después de que ella terminara una relación agitada con un chico que le partió el labio durante una pelea. Cuando ella rompió, él entró en su casa y despedazó el colchón con un cuchillo. Sean le salvó los muebles cuidando de ella e infundiéndole ánimos para ayudarla a sentirse segura, y también ayudándole a lanzar su carrera como cantante. Le llevaba las giras y los contratos con las disqueras, consiguiéndole clases magistrales y actuaciones con músicos legendarios.

Pero a pesar de su generosidad y afecto, Sean también era un controlador. Alison confiaba en él, pero le molestaba que estuviera al timón de su vida, así que empezó a vengarse obligándose a no comer, en un intento por recuperar el control. La hospitalizaron tres veces por un trastorno alimentario, pero cada vez se estaba infligiendo más daño a sí misma. Cuando empezó a quemarse en el brazo y en la pierna, Sean perdió la esperanza. Tuvo una aventura, luego otra y acabó con su matrimonio de dieciocho años.

Más de una década después, Alison seguía peleándose con él: por los derechos de autor de las canciones que habían escrito juntos; o por el desdichado intento de él de seducir a la alumna que ella le había derivado para que lo asesorara profesionalmente. Su matrimonio había terminado hacía tiempo, pero todavía estaban inmersos en una lucha de poder y estaban tomando malas decisiones.

Le dije a Alison que, si quería poner fin a las hostilidades, no tenía que prestar atención a las causas del conflicto, sino a aquello que lo mantenía vivo.

—¿Por qué sigues con un punto de vista que ya no te sirve? —le pregunté.

Alison quería demostrar que Sean era culpable, y ella, inocente. En esencia, lo estaba juzgando en su mente; su vida interior era como un drama judicial. Pero era una contienda imposible de ganar.

—Cielo —le dije—, podrías tener toda la razón del mundo y no haber mundo. A ver, ¿tú quieres ser feliz o tener razón?

La mejor forma de no necesitar el control es volverse una persona poderosa. El poder no tiene nada que ver con el músculo o la dominación. Significa que tienes la fuerza de responder en vez de reaccionar, de tomar el mando de tu vida y de tomar decisiones con total libertad. Eres una persona poderosa porque no estás renunciando a tu poder.

Si recuperas el poder y aun así quieres tener razón, entonces opta por ser una buena persona, porque con la bondad siempre acertarás.

Hacer ejercicios mentales no solo puede alterar nuestras relaciones, sino también cambiar nuestras percepciones, el modo en que vemos y sentimos el mundo.

A medida que Alison se empezó a evadir de la cárcel de la rigidez, consiguió trazar unos límites más claros con su ex y encontrar un ímpetu renovado en su carrera. Empezó a planear una gira internacional, pero de repente aparecieron dos percances físicos que perturbaron la paz que tanto trabajo le había costado lograr. Contrajo un temblor vocal severo que le dificultaba el canto y amenazaba su carrera, y encima se lastimó la espalda. Como le costaba hacer las tareas más rutinarias, tuvo que dejar las actividades de ocio y autocuidado —como la jardinería o el yoga— hasta que se recuperara. Su expresión se tornó en una mueca rígida. El dolor se dejaba notar en la voz quebrada con que hablaba.

—Estaba tan bien... —dijo—. Y ahora probablemente tenga que cancelar la gira.

La vida no es justa. Y cuando sufrimos, está totalmente justificado sentir ira, preocupación y frustración. Pero podemos afrontar con rigidez o flexibilidad cualquier circunstancia, por más irritante o injusta que sea.

—Cuando te duela una parte del cuerpo —le dije—,

no la castigues, no te molestes ni le exijas cosas. Dile: «Te escucho».

Alison se acostumbró a pasar de la rigidez a la flexibilidad. Empezó describiendo objetivamente el problema, sin minimizar o negar el dolor o la frustración.

—No me gusta —dijo—. Duele. Es incómodo.

Luego dejó de resistirse y de frustrarse con su cuerpo y empezó a escuchar. Mostró curiosidad.

—¿Qué me quieres decir? —preguntaba—, ¿qué es lo que más me interesa?, ¿qué es lo que me sirve y me da fuerzas ahora mismo?

Su cuerpo llevaba un tiempo diciéndole lo mismo: frena. Descansa. Así que escuchó y su espalda comenzó a mejorar. Probó con una clase de yoga restaurativo. Al volver al tapete se dio cuenta de que, ahora que estaba menos preocupada con presionarse a sí misma y en mejor sintonía con su experiencia interior, se movía de forma más grácil y consciente. Ahora entendía de otra manera lo que significaba «hacer bien las cosas». Antes de lesionarse la espalda, quería demostrar algo: cuánto tiempo podía mantener una postura difícil apoyándose solo con los brazos, o cuánto se podía doblar. Pero ahora estaba menos condicionada por las expectativas.

No tienen que gustarnos las cosas difíciles o dolorosas que nos suceden, pero, cuando dejamos de pelear y resistirnos, tenemos más energía e imaginación para seguir avanzando, en vez de quedarnos estancados.

Joy se percató de lo mismo. Igual que Alison, desde el divorcio llevaba años atrapada en la cárcel de la rigidez mental, en una mentalidad dicotómica: positivo/negativo, bien/mal, víctima/verdugo. Como veía las cosas en estos términos tan absolutos, siempre había mucho en juego:

todo o nada, vida o muerte, sin grises entremedio. Así, cualquier conflicto adquiría un aire de traición, incluso las disputas más triviales. Como en su mente no había espacio para el matiz o la complejidad, Joy no soportaba que alguien discrepara de ella.

—Era como si me señalaran con el dedo y dijeran: «Eres gorda, eres fea y no vales nada» —decía.

Cuando descubrió una verdad más compleja —que ella también había tenido culpa de que su matrimonio fracasara, que no siempre tenía razón—, sucedió algo inaudito. Su vista empezó a cambiar y comenzó a percibir los colores con mayor intensidad. Sin esa mentalidad binaria y esa interpretación rígida del pasado, el mundo se volvió más vívido y colorido. Sus hijos estaban hasta la coronilla de que señalara a las flores —amarillas, rojas, moradas, azules— diciendo:

—¡Miren eso! ¡Miren! ¡Miren!

La flexibilidad es fuerza, como aprendí en mis entrenamientos de gimnasia. Por eso voy a bailar *swing* tanto como mi cuerpo me permite. Por eso termino todos los discursos con una patada en alto.

Y esto sirve tanto para la mente como para el cuerpo. Eres fuerte cuando eres ágil y flexible. Cada mañana, cuando te levantes, haz estiramientos. Trabaja en la amplitud mental de movimiento que te mantiene libre.

Claves para liberarte de la rigidez

- **Abrázate con ternura.** Elige un problema actual de tu vida: una lesión o una enfermedad, una tensión o un conflicto, o cualquier circunstancia que te haga sentir restringido, limitado o confinado. Empieza expresando tu verdad en voz alta. ¿Qué es lo que no te gusta de ello? ¿Cómo te hace sentir? Luego muestra curiosidad. Pregúntate: «¿Qué me dice esta situación?, ¿qué es lo que más me interesa?, ¿qué me sirve y me da fuerza ahora mismo?».

- **Piensa en los demás tal como son.** Anota el nombre de una persona con quien tienes diferencias. Luego escribe todas las quejas que tienes acerca de esa persona. Por ejemplo: «Mi hija es maleducada y desagradecida. Me insulta y es ofensiva cuando habla. No me respeta. Hace como si no existiera y no vuelve a casa a la hora que le digo». Ahora, reescribe la lista; pero esta vez, escribe lo que observas sin opinar, interpretar, juzgar o asumir nada. Suprime palabras tajantes como «siempre» y «nunca». Limítate a describir los hechos: «A veces mi hija alza la voz y dice palabrotas. Una o dos veces a la semana, llega a casa pasadas las once de la noche».

- **Cooperación, no dominación.** Escoge una de las observaciones de la lista para comentar con la otra persona. Encuentra un momento tranquilo para hablar, cuando los ánimos no estén calientes. Primero, hazle saber lo que has notado: «Me he dado cuenta de que dos veces por semana llegas a casa más tarde de las once». Después, muestra curiosidad por el punto de vista de la otra persona. Lo mejor es hacerle una pregunta simple: «¿Qué pasa?». Luego, sin culparla ni avergonzarla, cuéntale lo que quieres: «Para mí es importante que entre semana duermas lo suficiente. Y me gustaría saber que has vuelto a casa y estás bien antes de acostarme». Finalmente, invita a esa persona a colaborar en la elaboración de un plan: «¿Qué ideas se te ocurren para encontrar una solución positiva para ambos?». No pasa nada si el conflicto no se resuelve *ipso facto*. Lo importante es que haya un cambio y se empiece a abordar el conflicto de forma cooperativa, que prime la relación antes que la necesidad de poder y control de cualquiera de las partes.

- **Trata a los demás según lo que pueden llegar a ser.** Imagínate a la persona con quien tienes el conflicto. Ahora imagínatela siendo la mejor versión de sí misma. Para hacerlo, puede ayudar cerrar los ojos e imaginarte a esa persona rodeada de luz. Ponte la mano en el corazón y di: «Te veo».

CAPÍTULO 8

¿TE GUSTARÍA CASARTE CONTIGO?

La cárcel del resentimiento

El mayor veneno para la intimidad es la ira y la irritación nimia y perpetua.

Mi resentimiento contra Béla —por su impaciencia y mal humor, porque seguía atrapado en el pasado, por la decepción que a veces se le dibujaba en el rostro cuando miraba a nuestro hijo— se fue gestando durante tantos años que pensé que la única forma de ser libre era divorciándome de él. Pero en cuanto nos hubimos separado y hubimos trastocado la vida de nuestros hijos, por no hablar de la nuestra, caí en la cuenta de que mi decepción y mi ira tenían poco que ver con Béla; tenían que ver exclusivamente conmigo, con las cuentas emocionales sin cerrar y con el dolor no resuelto.

La sensación de ahogo que percibía en nuestro matrimonio no era culpa de Béla; fue el precio de todos los años que había estado renegando de mis sentimientos: la tristeza por mi madre, que abandonó una vida independiente y cosmopolita trabajando en un consulado de Budapest y dejó a un hombre que amaba para hacer lo que otros esperaban de ella (se le prohibió casarse con él porque no era judío); el miedo a reproducir la soledad que había caracterizado el matrimonio de mis padres; el duelo por mi primer amor, Eric, que murió en Auschwitz; y el duelo por mis padres. Me casé y fui madre antes de poder superar mis pérdidas. Y de golpe tenía cuarenta años, la edad de mi madre cuando había muerto. Se me acababa el tiempo para vivir como quería vivir: libremente. Pero en lugar de encontrar libertad descubriendo mi propósito y mi rumbo personal, decidí que la libertad consistía en estar bien lejos de los gritos, el cinismo, la irritación y los desengaños de Béla; de las cosas que, a mi entender, me limitaban.

Cuando estamos enojados, muchas veces es porque hay una brecha entre nuestras expectativas y la realidad. Creemos que es la otra persona quien nos estorba y nos menoscaba, pero la cárcel real son nuestras expectativas quiméricas. A menudo nos casamos a lo Romeo y Julieta, sin conocernos de verdad. Nos enamoramos del amor, o de la imagen de una persona a quien hemos atribuido los rasgos y características que ansiamos, o de alguien con quien podemos recrear los patrones familiares que adquirimos en nuestras familias de origen. O presentamos una versión falsa de nosotros mismos, buscando el amor y una relación segura y renunciando a quienes somos realmente. Enamorarse es un subidón químico. La sensación es extraordinaria, pero también es temporal. Cuando el sentimiento se desvanece, nos queda un sueño perdido, una sensación de pérdida por la pareja o la relación que nunca llegamos a tener. Hay muchas relaciones salvables que se abandonan por desesperación.

Pero el amor no es lo que sientes, sino lo que haces.

No se puede volver a los primeros días de una relación, a antes de enojarte, decepcionarte y cortar lazos. Hay algo mejor: un renacimiento. Un nuevo comienzo.

Marina, bailarina y artista de profesión, estaba intentando descubrir si este renacimiento era posible en su matrimonio, si ella y su marido podían avanzar juntos de manera saludable, o si el camino hacia la libertad implicaba acabar diciendo adiós a la relación.

—Llevamos dieciocho años discutiendo cada día —me dijo enroscándose el ondulado pelo rubio para formar un chongo suelto.

A veces las peleas eran violentas. Su marido no le pegaba, pero hacía una simulación: arrastraba sillas, lanzaba el teléfono contra la pared o volcaba la cama donde ella estaba sentada.

—Intento no estar en casa —dijo— porque cada conversación termina con él diciéndome lo que he hecho mal.

Ella tenía miedo de hacerle frente y salir de la habitación cuando él estallaba, así que intentaba mantener la dignidad y seguir en paz. Pero estaba perdiendo el amor propio y cada vez se sentía más débil. Y tenía miedo por cómo estaban afectando las riñas constantes a su hija adolescente. No quería que las cosas continuaran como hasta entonces, pero no veía claro el camino a seguir, ni estaba segura de sus opciones.

Cada elección tiene un costo: ganas algo y pierdes algo. Una elección que podemos hacer siempre es no hacer nada. Optar por no decidir y seguir como siempre. En el otro extremo, Marina podía decidir dejar la relación y pedir el divorcio.

—No tienes que atascarte —le dije—. No tienes que apechugar con tu malestar. —Sin embargo, le avisé que un divorcio puede ser un caso extremo de seguir sin hacer nada—. ¿Qué sacas de un divorcio? Un trozo de papel que dice que ya eres libre para casarte con otra persona.

El divorcio no resuelve los atolladeros emocionales de

una relación. ¡Simplemente te da permiso legal para repetir el patrón con alguien diferente! No te hace libre. Tanto si

CADA ELECCIÓN TIENE UN COSTO: GANAS ALGO Y PIERDES ALGO.

Marina decidía dejar a su marido como seguir casada, su obligación era la misma: descubrir las necesidades y expectativas que se formó del matrimonio y curar las heridas que había traído consigo, que seguiría acarreando con ella hasta que las afrontara.

Primero analizamos sus expectativas.

—¿Sabías que tu marido era tan irascible cuando te casaste con él? —le pregunté.

Negó vehementemente con la cabeza.

—Es muy seductor —dijo. Como buen actor que es, sabe cómo encandilar al público. Antes de casarse, solo había visto esta parte de él: la encantadora, filosófica y romántica—. Ahora nos lanzamos los trastes a la cabeza.

—Y entonces, ¿qué es lo que te mantiene atada? —le pregunté. Como he dicho, cada comportamiento satisface una necesidad. Incluso una situación que nos limita y nos aterroriza nos puede servir de alguna forma—. ¿Necesitas la seguridad económica? ¿O tal vez necesitas las discusiones?

—Me da miedo estar sola.

Todo el mundo arrastra un miedo al abandono de la infancia. Pero cuando Marina describió su niñez en Europa occidental, saltó a la vista que su miedo al abandono se agravaba por haber sido víctima de una desatención total. Cuando tenía catorce años, su padre dijo que ya no soportaba vivir con su madre y se fue. No volvió a visitar a sus seis hijos nunca más y ni siquiera llamó para saber cómo estaban. La madre de Marina acusó tanto el golpe que se vio incapaz de satisfacer las necesidades de la familia, así que Marina dio un paso al frente para desempeñar ese papel, acostando a sus hermanos pequeños, quedándose despierta hasta tarde para hornear el pan y preparar la comida del día siguiente.

Un año más tarde, cuando cayó el muro de Berlín, su madre soltó la bomba. Había conocido a un hombre a través de un anuncio del periódico y se iba a mudar a la antigua Alemania del Este para estar con él, llevándose consigo a los pequeños. Marina se iba a quedar e iba a tener que valerse por sí misma. Le entregó un contrato de arrendamiento para una habitación y se fue al día siguiente. No se dignó a llamarle en más de un año.

La mera supervivencia de Marina da fe de su enorme fuerza y resiliencia interna. Se quedó en la casa de renta unos meses hasta que se mudaron nuevos inquilinos, incluido un padre que trató de seducirla entrando en su habitación de noche con una copa de vino. Rescindió el contrato de arrendamiento, dejó el colegio y fue de ciudad en ciudad por toda Europa occidental, aceptando trabajos diversos y cuidando de casas mientras sus anfitriones estaban de vacaciones. En una ocasión llegó a vivir en una comuna de artistas y, en otra, estuvo en una granja de rehabilitación que acogía a gente en recuperación que iba allí a cuidar de caballos. Contrajo un peligroso trastorno alimentario, convencida de que tenía que ser una persona horrible para que ambos padres la hubieran abandonado. Pensaba que, si lograba desaparecer, tal vez sus padres terminarían por advertir que ya no estaba. Cuando Marina tenía dieciséis años, la propietaria de la granja de rehabilitación, también alcohólica, la corrió. Se quedó en la calle con una maleta en cada mano, sin hogar y sola. Desesperada, llamó a su madre y le suplicó que la ayudara. Pero su madre aún estaba apurada y le dijo que no.

—A partir de ese momento, supe que estaba completamente sola en el mundo —dijo Marina.

A los veintipocos se mudó a Berlín en busca de mejores oportunidades de trabajo, y gracias a sus contactos empezó a entrenar con un grupo de variedades, viviendo en un viejo remolque en el patio de una escuela. No era una vida sencilla. El remolque no tenía calefacción, los inviernos en Berlín eran recios y el entrenamiento era duro. Pero la nueva vida iba con ella. Cuando bailaba se sentía fuerte y libre. No podía obligarse a pasar hambre ni ignorar a su cuerpo; y por primera vez ya no quería hacerlo. Había encontrado una pasión y un propósito: la alegría de menear el cuerpo, el poder del movimiento y la expresión.

Se enamoró de otro artista que había crecido en Alemania del Este durante la Guerra Fría. Era un hombre a quien le costaba transmitir las emociones, mostrar amor.

—Como a mis padres, supongo —dijo Marina con tristeza.

Dos años después de romper, él se suicidó. En el fondo ella sabía que no había muerto por su culpa, que aunque hubieran seguido juntos no lo podría haber salvado. Pero la pérdida le afligió mucho.

—Lo encontraron una o dos semanas después de morir —dijo—. Estaba completamente solo.

Todos entramos en las relaciones con mensajes que aprendimos durante la infancia. A veces es una frase literal que alguien solía decir, como las cosas que me decía mi madre: «Suerte que eres inteligente, porque eres más bien feíta...», o «Tener un mal marido es mejor que no tener ninguno». A veces es algo que deducimos de los actos de otras personas o del entorno doméstico.

—Querida —le dije a Marina—, por lo que deduzco, llevas un mensaje dentro de ti: que, si quieres a alguien, te abandonará.

Se le llenaron los ojos de lágrimas y se cubrió con los brazos, como si de repente la habitación se hubiera enfriado.

Cuando estamos encarcelados, son los mensajes nocivos los que hacen mella.

—Pero hay otro mensaje que percibo en tu historia —le dije—: eres una mujer fuerte. Antes habías sido esa chica asustada y sola a la que pusieron de patitas en la calle con sus maletas. Habrías podido morir muchas veces, pero no moriste. Ahora mírate. De algo que no querías hiciste algo bueno. Eres buena.

Creyendo en lo más hondo de su ser que no era digna de ser amada, Marina había escogido una pareja y unas pautas de conducta que reforzaban esta creencia. Esta dinámica es muy habitual en los matrimonios con militares. Cuando solo es cuestión de tiempo que te destinen a otra parte, te trasladen o empieces una nueva vida, es difícil confiar en que alguien te siga siendo fiel a pesar de la distancia y de los cambios. Una manera de lidiar con el miedo al dolor que causará la distancia —o el miedo a que alguien nos vaya a abandonar o a sernos infiel— es no crear vínculos estrechos. Marina se había casado con un hombre que la cautivó y la hizo sentir segura y venerada, pero que usaba su relación como un saco de boxeo. Él estaba echando su propio dolor a la relación y su gestión de las heridas emocionales, la rabia y la culpa no hicieron más que consolidar el mensaje interiorizado de

Marina de que el amor consiste en sentirse herida y abandonada.

—Tal vez los dos están usando las discusiones para luchar contra la intimidad —dije—. Así que observemos tu conducta.

Muchas parejas sucumben a la danza de los tres pasos, un ciclo de conflicto que repiten una y otra vez. El paso uno es la frustración. Esta se va agravando y, en menos que canta un gallo, se llega al paso dos: la pelea. Gritan o montan en cólera hasta que se cansan y caen en el paso tres: la reconciliación. (No hagan nunca el amor después de una pelea. ¡Solo sirve para reforzarla!) La reconciliación parece el final del conflicto, pero lo cierto es que perpetúa el ciclo. La frustración inicial no se ha resuelto. Solo han allanado el camino para volver a las andadas.

Yo quería dar a Marina algunas herramientas para ayudarla a detener la danza en el paso uno. ¿Cuáles eran los detonantes de la frustración que los abocaban a la misma danza restrictiva?

—O bien estás contribuyendo a la relación, o bien la estás contaminando —dije—. ¿Qué hace cada uno para pervertir el matrimonio?

—Cuando quiero hablar con él (expresar un sentimiento, sacar un tema), tiene miedo de ser culpable, de que algo sea culpa suya. —Su mecanismo de defensa favorito era hacerse el ofendido, dar la vuelta a la tortilla y atacar a Marina culpándola y criticándola.

—¿Y tú qué haces? —pregunté.

—Me intento explicar. O le digo que pare y entonces estalla, se pone a dar patadas, a arrojar cosas o a romperlas.

Le puse tareas; le pedí que diera un rodeo y evitara el camino trillado siempre:

—La próxima vez que te diga que no tienes razón, respóndele que es cierto. Contra eso no puede luchar. Y no estás mintiendo, porque todo el mundo comete errores; todos podemos mejorar. Solo dile que sí, que tiene razón.

Si refutamos una acusación, seguimos aceptando la culpa. Estamos asumiendo la responsabilidad por algo que no nos compete.

—La próxima vez que esté enojado, pregúntate de quién es el problema. A menos que lo provocaras tú, no eres responsable y no tiene derecho a cargarte el muerto. Que lo cargue él. Dile: «Parece que estás en un aprieto. Parece que estás enojado por eso». Cuando intente hacerte responsable de sus sentimientos, devuélveselos. Es él quien tiene que gestionarlos y tú esperas que los supere. Cuando saltas al cuadrilátero, él se encara contigo, no con sus sentimientos. No lo rescates más.

> SI REFUTAMOS UNA ACUSACIÓN, SEGUIMOS ACEPTANDO LA CULPA.

Cuando Marina y yo volvimos a hablar al cabo de unas semanas, dijo que las técnicas para aliviar la tensión estaban surtiendo efecto. Las discusiones habían menguado muchísimo.

—Pero estoy muy resentida contra él —dijo. Esta vez no quería hablar de la ira de él, sino de la suya—. Por dentro, lo hago responsable de todo a él.

—Pues haz lo contrario —dije—: dale las gracias.

Se me quedó mirando, alzando las cejas con sorpresa.

—Tú eliges qué actitud mostrar. Dale las gracias. Y a tus padres también. Te están ayudando a ser una sobreviviente excelente.

—¿E ignoro lo que pasó, sin más? ¿Me olvido de lo que hicieron?

—Haz las paces con ello.

Muchos de nosotros no tuvimos los padres cariñosos y protectores que deseábamos y merecíamos. Tal vez estuvieran preocupados, enojados, asustados o deprimidos. Tal vez nacimos en el momento equivocado, en una época de fricción, pérdida o estrechez. Tal vez quienes debían cuidarnos estaban inmersos en su propio trauma y no siempre respondían a nuestras necesidades de atención y afecto. Tal vez nunca nos tomaron en brazos y nos dijeron: «Siempre quisimos a un hijo como tú».

—Te estás lamentando por los padres que nunca tuviste —le dije a Marina—. Y te puedes lamentar por el marido que no tienes.

El dolor nos ayuda a afrontar —y, al final, a aceptar— lo que pasó o no pasó. Y abre la puerta a ver las cosas tal como son y a elegir nuestro rumbo posterior.

—¿Te gustaría casarte contigo misma? —pregunté. Me miró confundida—: ¿Qué te gusta de ti?

Se quedó en silencio, frunciendo el ceño desconcertada. O quizás solo estuviera buscando las palabras.

Empezó dubitativa, pero su voz fue tomando resolución a medida que hablaba. Se le iluminaron los ojos y se sonrojó.

—Me gusta cómo me preocupo por los demás —dijo—. Me gusta la pasión que tengo, cuánto me gusta escalar y suspenderme en el aire y volar. De mí me gusta que no me rindo.

—Escríbelo, corazón —dije—. Lleva esas palabras contigo en la bolsa.

Es muy importante ser honestos. Es fácil recurrir a

las críticas de los demás y de nosotros mismos, subrayar las afrentas y las quejas. Pero todas somos buenas personas. Somos buenas. Nosotras decidimos dónde ponemos el foco.

—¿Qué tiene de bueno tu marido? —le pregunté.

Se interrumpió y entornó ligeramente los ojos, como si intentara descifrar algo desde lejos.

—Se preocupa —dijo—. Aunque es como es, sé que se preocupa por mí y que se está esforzando mucho. Cuando me lastimé en el hombro me ayudó. Hay momentos en los que me apoya.

—¿Eres más fuerte con él o sin él?

Solo tú puedes decidir si una relación te anula o te hace mejor. Pero no es una pregunta fácil de responder. No puedes saber la verdad acerca de tus relaciones hasta que sanes tus heridas, hasta que entierres y dejes atrás todas las cosas del pasado que sigues arrastrando.

Mi decisión de divorciarme de Béla fue cruel e innecesaria, pero fue útil en un aspecto: me aportó más serenidad y espacio para empezar a afrontar el pasado y el dolor. No me liberó de mis emociones y del trauma, de mis recuerdos, de mi sensación de aturdimiento, ansiedad, aislamiento y miedo. Yo era la única que podía hacerlo.

—Ten cuidado con lo que haces cuando estés intranquila —me había avisado mi hermana Magda—. Igual empiezas a pensar cosas que no son. Es demasiado así, demasiado asá, ya he sufrido bastante. Al final extrañas las mismas cosas que te enervaban.

Y sí, extrañaba a Béla. El modo en que bailaba y su alegría como filosofía de vida. Su humor incesante, cómo me hacía reír aunque yo no estuviera de humor. Su sed insaciable de riesgo.

Dos años después de divorciarnos nos volvimos a casar. Pero no volvimos al matrimonio de antes. No estábamos resignados el uno con el otro; nos habíamos escogido mutuamente otra vez y, esta vez, sin la lente distorsionada del resentimiento y de las expectativas incumplidas.

—Tu marido es la víctima de tu ira —le dije a Marina—, pero tal vez no sea él con quien estés enojada realmente.

Tendemos a asignar a otros los papeles que más nos convienen para recrear la historia que hemos decidido contar. Cuando narramos una nueva historia —cuando recuperamos nuestra plenitud—, nuestras relaciones pueden mejorar. O tal vez descubramos que ya no las necesitamos, que no tienen hueco en nuestra historia de libertad.

No tienes ninguna prisa por descubrirlo. De hecho, es mejor dejar de intentar deducirlo y entenderlo. Es una respuesta que solo obtendrás jugando más, viviendo tu vida de la forma más plena posible y siendo quien ya eres realmente: una persona fuerte.

Claves para liberarte del resentimiento

* **Cambia los pasos de baile.** Muchas parejas tienen un baile de tres pasos, un ciclo de conflicto que repiten constantemente. Empieza con la frustración, se agrava con la pelea y parece restablecer la armonía con la reconciliación. Mientras no se resuelva la frustración inicial, la paz no durará mucho. ¿Cuál es la frustración detonante que sigue irresuelta en tu relación? ¿Cómo puedes cambiar el baile en el paso uno, antes de sucumbir al viejo ciclo? La próxima vez que se avecine la frustración, intenta hacer algo de otra manera. Y hazlo. Toma nota de cómo fue y celebra cualquier cambio.

* **Resuelve las cuentas pendientes a nivel emocional.** Reflexiona acerca de un mensaje sobre el amor que aprendieras de niño y que sigas volcando en tus relaciones. Por ejemplo, Marina cargaba con este mensaje: si quieres a alguien, ese alguien te abandona. ¿Qué te enseñó tu infancia sobre el amor? Acaba esta frase: Si quieres a alguien, _____.

* **¿Te gustaría casarte contigo?** ¿Qué cualidades crees que debe tener una relación positiva y fructífera? ¿Te gustaría casarte con alguien como tú? ¿Cuáles son tus puntos fuertes? Haz una lista. ¿Qué comportamientos pueden ser difíciles de transigir? Haz una lista. ¿Tu forma de vida saca lo mejor de ti?

CAPÍTULO 9

¿ESTÁS EVOLUCIONANDO O INVOLUCIONANDO?

La cárcel del miedo paralizante

Llevaba unos años dando clases de Psicología en una escuela de El Paso —incluso había ganado el galardón a maestra del año— cuando me vino a ver el inspector y me dijo:

—Edie, te tienes que doctorar.

Yo me reí y dije:

—Para cuando me doctore tendré cincuenta años.

—Los cincuenta los cumplirás igualmente.

Son las cinco palabras más inteligentes que me han dicho jamás.

Querida, si vas a cumplir cincuenta igualmente —o treinta, o sesenta o noventa—, ¿por qué no tirarse a la piscina? Haz algo que no hayas hecho jamás. El cambio es sinónimo de crecimiento. Para crecer tienes que evolucionar, no involucionar.

Yo me considero una animadora. Animo a los sobrevivientes a reunirse conmigo, otra sobreviviente; les proporcionaré pautas para liberarse de pensamientos que los limitan y para aceptar su potencial.

De pequeña estudié latín y recuerdo una frase fantástica: «Tempura mutantur, nos et mutamur in illis». Los tiempos cambian y nosotros cambiamos con ellos. No estamos atrapados en el pasado, o en nuestras viejas costumbres y conductas. Ahora estamos aquí, en el presente, y de nosotros depende decidir a qué nos aferramos, de qué nos desprendemos y a qué aspiramos.

Gloria aún arrastra una losa enorme. Huyó de la guerra civil en El Salvador cuando tenía cuatro años, creció en un hogar extremadamente violento en el que su padre propinaba palizas periódicas a su madre. Y luego, cuando tenía trece años y estaba visitando a la familia en El Salvador, fue violada por su tío, el pastor que la había bautizado. La violó en Nochebuena, destruyendo su fe y su sensación de seguridad. Cuando denunció la violación nadie le creyó, y el tío que lo hizo sigue siendo un pastor en activo.

—Todavía estoy muy angustiada y dolida —dijo—. El miedo lo impregna todo. No quiero perder a mi marido o a los niños por culpa del pasado. Necesito que cambien las cosas, pero no sé cómo hacerlo ni por dónde empezar.

Pensó que si se titulaba en Trabajo Social encontraría un propósito en el presente y abriría la cerradura del pasado, pero las experiencias de victimización de sus clientes no hicieron más que ahondar su sensación de desazón e impotencia, así que abandonó los estudios. No soportaba sentirse derrotada y que sus hijos la vieran tan agobiada. Ahora, como si no tuviera bastante con las intrusiones frecuentes y el sentimiento de pánico del pasado, vive cada día aterrorizada por que sus hijos sufran un daño como el suyo.

—Hago todo lo posible para protegerlos —dijo—, pero no estaré siempre allí. No quiero que vivan con miedo. No quiero transmitirles el miedo. —Pero cosas cotidianas como llevar de campamento a su hija le infundían un

154

miedo atroz—: Me quedo despierta toda la noche pensando: «¿Qué le va a pasar? ¿Y si le está pasando algo ahora mismo?».

No debemos dejar de buscar en ningún momento la seguridad y la justicia y hacer todo lo que está en nuestras manos para protegernos a nosotros mismos, a nuestros seres queridos, a nuestros vecinos y al resto. Pero debemos elegir qué papel asignamos al miedo en nuestras vidas.

El miedo utiliza palabras muy insistentes, implacables y provocadoras: ¿y si tal?, ¿y si cual? Cuando tengas miedo y te entre el pánico, cuando tu cuerpo tiemble, se te acelere el corazón y el trauma que has superado amenace con engullirte, tómate de la mano con ternura y di: «Gracias, miedo, por intentar protegerme». Y luego añade: «Eso fue entonces, estamos en el presente». Y repítelo hasta la saciedad. Ya lo has conseguido. Estás aquí. Tápate con los brazos y frótate los hombros: «Bravo, querida..., te quiero».

Nunca sabes lo que el mundo te depara. No puedes predecir quién puede acabar haciéndote daño: insultarte a gritos, darte un puñetazo, romper una promesa, abusar de tu confianza, soltar una bomba, empezar una guerra. Ojalá pudiera decirte que mañana el mundo estará a salvo de la crueldad, la violencia y los prejuicios, de la violación, la depravación y el genocidio. Pero puede que eso no llegue nunca. Vivimos en un mundo que entraña riesgos, así que vivimos en un mundo con miedo. Tu seguridad no está garantizada.

Pero el miedo y el amor no coexisten. El miedo no tiene por qué controlar tu vida.

Liberarte del miedo empieza por ti.

Cuando nos han herido o traicionado, no es fácil liberarse del miedo a que nos vuelvan a hacer daño.

Las palabras favoritas del miedo son: «Ya te lo dije». Ya te dije que te arrepentirías. Ya te dije que era demasiado arriesgado. Ya te dije que terminaría como el rosario de la aurora.

Y no nos gusta ni un poco decepcionar a nuestras intuiciones.

Nos aferramos al miedo pensando que la vigilancia nos protegerá, pero el miedo se convierte en un ciclo sin fin, en una profecía autocumplida. Para protegerte contra el sufrimiento es mejor saber amarte y perdonarte, mantenerte a salvo y no castigarte por los errores, el dolor y la pena que forman parte inevitable de la vida.

EL MIEDO Y EL AMOR NO COEXISTEN.

Esta era la batalla que estaba librando Kathleen cuando hablé con ella tras descubrir la aventura de su marido.

Tras doce años de feliz matrimonio con un médico guapo y exitoso, se tomó un descanso en su carrera para centrarse en sus hijos pequeños. Fue entonces cuando recibió la llamada de un hombre del que nunca había oído hablar. Le dijo que dirigía un servicio de acompañamiento y la amenazó con sacar a la luz la aventura de su marido con una de sus prostitutas y arruinar su carrera si no pagaba. Era un asunto sórdido y estrambótico, propio de culebrones y pesadillas, pero, cuando hizo frente a su marido, él reconoció que era verdad. Había contratado los servicios de una prostituta y el hombre que le había llamado era su proxeneta.

Kathleen se quedó en estado de *shock*. Estaba muy alterada y era incapaz de comer y dormir. Su mundo estaba patas arriba, totalmente del revés. ¿Cómo podía haber sido tan ingenua? Entró en un estado de vigilancia perpetua, revolviendo su vida en busca de pistas que le ayudaran a entender por qué su marido la había engañado y en busca de pruebas de que pudiera estar pecando de nuevo.

Pero, con el tiempo —y tras mucha ayuda de un consejero matrimonial—, la infidelidad se convirtió en una oportunidad para ella y su marido de redescubrir su matrimonio, de reencender la chispa. A medida que recuperaron la estabilidad, él la sorprendió siendo más atento y romántico. Su matrimonio parecía más feliz. Celebraron una gran fiesta por Navidad y llenaron la casa de luces. El Día de San Valentín su marido la despertó antes de que amaneciera y la acompañó al vestíbulo, bajando por la escalera adornada con pétalos de rosa y velas de té centelleantes. Se sentaron juntos con la bata puesta y lloraron. La dulzura y la confianza habían vuelto a su relación.

Poco se esperaba ella que en apenas unas semanas él tomaría otra decisión ruinosa: iba a empezar otra aventura con una colega joven, una relación que iba a prolongarse dos años, hasta que Kathleen se topó con una carta de amor que él había escrito para su amante.

Kathleen y yo hablamos dos años después de que descubriera trágicamente que la había vuelto a traicionar. Decidió no divorciarse y volvieron a hacer terapia de pareja intensiva para reconstruir la relación desde los escombros. Me dijo que en muchos sentidos su vínculo parece más fuerte que nunca. Su marido está menos distante, está menos nervioso y se muestra más afectuoso: la abraza, la besa y la consuela, le pregunta cómo está a menudo, hace videollamadas con ella desde el trabajo o le llama desde el teléfono del trabajo para que ella sepa que está realmente donde dice que está. Es sincero con el motivo por el que volvió a engañarla. «Era un narcisista poderoso y quería tenerlo todo», dice arrepintiéndose de corazón.

Pero Kathleen aún está maniatada por el miedo.

—Tengo el marido cariñoso y atento que siempre he querido —dijo—, pero no lo puedo aceptar. No me lo creo. Me invento películas mentales cada día reviviendo el pasado, esperando lo inevitable, que me vuelva a engañar. Sé que me estoy privando de mi propia vida. Sé que necesito aprender a confiar en él otra vez. Intento seguir en el presente, pero no puedo huir del miedo. No puedo parar de vigilarlo y controlar sus pasos.

Cuando la duda nos carcome, estamos atentos a las señales que aplaquen —¡o confirmen!— nuestros miedos. Pero sea lo que sea que busquemos fuera, tenemos que abordarlo en nuestro interior.

—Quizás no estés dudando de tu marido —dije—. Tal vez dudes de ti. Ya son cuatro las veces que te he oído decir: «No puedo». —Sus ojos brillantes se anegaron de lágrimas—: No te tienes en suficiente consideración. Así que vamos a intentar disolver esas dudas en ti misma.

La cárcel del miedo puede ser un motor para crecer y empoderarse. Para impulsar esta transformación, el lenguaje es una de nuestras mejores armas.

—Empecemos por eso, por el «No puedo» —le dije—. En primer lugar, eso es mentira. Decir «No puedo» equivale a decir «Soy incapaz». Y a menos que seas una niña, eso simplemente no es verdad.

Cuando decimos «No puedo», lo que estamos diciendo realmente es «No lo haré». No lo aceptaré. No me lo creeré. No huiré del miedo. No dejaré de vigilarlo y de controlar sus pasos. El lenguaje del miedo es el de la resistencia. Y si nos resistimos, nos esforzamos mucho para procurar no ir a ninguna parte. Negamos el crecimiento y la curiosidad. Estamos involucionando, no evolucionando, rechazando oportunidades para cambiar.

Le pedí a Kathleen que suprimiera el «No puedo» de su vocabulario.

Si vas a dejar algo, te irá mejor si lo sustituyes por otra cosa. Si no pides un coctel, pide otra bebida que te guste. Si no quieres alejarte o esconderte más de un ser amado, como vimos que hacía Robin en un capítulo anterior, cambia el hábito de salir de la habitación por quedarte, y dedica a tu pareja una sonrisa y una mirada afectuosa.

—Siempre que empieces a decir «No puedo», sustitúyelo por «Puedo» —le dije a Kathleen—: Puedo olvidar el pasado. Puedo seguir en el presente. Puedo amarme y confiar en mí misma.

También le hice ver que en un minuto de conversación había usado otras dos frases basadas en el miedo: «Estoy intentando» y «Necesito».

—Dijiste que estabas intentando vivir en el presente —dije—, pero intentar algo es mentir. O lo haces o no lo haces. —Si dices que estás intentando algo, en verdad no tienes por qué hacerlo. Te estás justificando en caso de no hacerlo—: Ya es hora de dejar de intentarlo y empezar a hacerlo.

Cuando estamos a punto de actuar, muchos de nosotros usamos la frase «Necesito». Parece como si estuviéramos identificando objetivos y prioridades. Kathleen quería cambiar el miedo y la vigilancia implacables de su matrimonio, así que dijo:

—Sé que necesito confiar en él otra vez.

—Eso tampoco es verdad —le dije—. Las necesidades son cosas sin las cuales no sobreviviríamos. Respirar, dormir, comer.

Podemos dejar de añadirnos peso y presión a nosotros mismos diciéndonos que algo es necesario para sobrevivir cuando no lo es. Y podemos dejar de ver nuestras elecciones como obligaciones.

—No necesitas confiar en tu marido —dije—. Quieres. Y si quieres, puedes elegir hacerlo.

Cuando hablamos como si estuviéramos forzados u obligados o como si fuéramos incapaces, así es como vamos a pensar, lo cual significa que también es como nos vamos a sentir y, en consecuencia, como vamos a comportarnos. Nos volvemos presos del miedo: necesito hacer esto o...; quiero hacer eso, pero no puedo... Para evadirte de esa prisión, presta atención al lenguaje. Busca expresiones como «No puedo», «Estoy intentando» o «Necesito» y trata de reemplazar estas frases restrictivas por otras como «Puedo», «Quiero», «Deseo» o «Decido». Este es el lenguaje que nos impulsa a cambiar.

Kathleen no tiene ninguna garantía de que su marido no la vuelva a engañar. Si renuncia al matrimonio, tampoco tiene ninguna armadura infalible que la proteja de la traición de otras personas. Pero tiene mecanismos para liberarse de la parálisis.

¿Quién es responsable de que tus sueños y actos no concuerden? Un paciente me dijo que trabajaría mejor y sería más paciente con su familia si durmiera mejor, pero seguía bebiendo cinco tazas de café al día. Otra paciente soñaba con una relación estable y comprometida, pero cada noche se despertaba en la cama de un hombre diferente. Los objetivos y elecciones de estos pacientes no estaban en sintonía. Soy una gran partidaria del optimismo, pero no sirve para nada si no se combina con actos.

Y podemos dejar de esmerarnos tanto para no llegar a ninguna parte.

Una de las técnicas mediante las cuales nos resistimos al cambio es siendo severos con nosotros mismos. Una vez una paciente me dijo que quería perder peso, pero cuando vino a verme pasó la mitad de la sesión regañándose. «Me estoy engordando con helado», decía. O: «Soy una tragona». En cuanto empiezas a denigrarte, no vas a cambiar nunca. Pero, si dices: «Hoy no me voy a echar azúcar en el capuchino», estás haciendo algo en positivo. Así es como se da el crecimiento, el aprendizaje y la curación: en lo que vas haciendo por tu cuenta, pasito a pasito.

A veces hay cambios aparentemente triviales que pueden tener una gran afectación. Michelle, que llevaba años padeciendo anorexia, había evitado siempre las donas. Les había tenido miedo toda su vida, temiendo que, si se comía una, se tragaría la caja entera. Tenía miedo de convertirse instantáneamente en gorda si se permitía darles un simple mordisquito. Tenía miedo de perder el control. Tenía miedo de derrumbarse si se permitía disfrutar, si osaba desmadrarse.

BUSCA EXPRESIONES COMO «NO PUEDO», «ESTOY INTENTANDO» O «NECESITO» Y TRATA DE REEMPLAZAR ESTAS FRASES RESTRICTIVAS POR OTRAS COMO «PUEDO», «QUIERO», «DESEO» O «DECIDO».

Pero sabía que, mientras viviera con miedo a ese clásico dulce glaseado, seguiría en una cárcel. Una mañana se armó de valor, entró en una pastelería —la mera campanita de la puerta y el olor a azúcar le provocaban sudores—, se compró dos donas y las trajo a terapia. En ese entorno de apoyo, relajada por que su terapeuta se comiera la otra dona y compartiera su experiencia, Michelle se abandonó al miedo, a todas esas ansiedades profundamente arraigadas acerca de su autoimagen y su autoestima, acerca de perder el control. Y analizó la experiencia con curiosidad. Notó cómo crujía el glaseado en la lengua, la textura tierna y de pastel cuando mordió el dulce, el subidón de azúcar invadiendo su cuerpo. ¡Convirtió la ansiedad en excitación!

No nacemos con miedo. Lo aprendemos en algún momento.

No olvidaré jamás el día que Audrey cumplió diez años. Invitó a una amiga a casa y estaban jugando en su habitación con la puerta abierta. En un momento dado, pasé con una cesta de ropa sucia mientras se oía silbar a todo volumen la sirena de una ambulancia, un ruido que aún hoy me da escalofríos. Me quedé

NO NACEMOS CON MIEDO. LO APRENDEMOS EN ALGÚN MOMENTO.

pasmada de ver a Audrey lanzarse debajo de la cama mientras su amiga la miraba atónita por su reacción. De alguna forma, probablemente al ver cómo yo me sobresaltaba con el sonido de las sirenas, mi hija había aprendido a estar asustada. Había interiorizado mi miedo.

A menudo, las respuestas emocionales que se incrustan en nosotros no son ni siquiera nuestras; son las que hemos aprendido observando a otros. Así que puedes preguntarte si este miedo es tuyo o de otra persona. Si el miedo pertenece realmente a tu madre, tu padre, tu abuelo o tu pareja, no tienes que seguir cargando con él. Déjalo a un lado. No te aferres a él. Déjalo atrás.

Luego haz una lista con los miedos que quedan.

Así es como empiezas a afrontarlos, en lugar de combatirlos, huir de ellos o medicarlos.

Hice este ejercicio del miedo con mi paciente Alison, la cantante profesional. Tras el divorcio estaba pasando por una mala racha y arrastraba algunas molestias físicas —temblor vocal y dolor de espalda— que le perjudicaban a nivel laboral. Su lista de miedos era:

Estar sola.
Perder mis ingresos.
Ser pobre y tal vez quedarme sin hogar.
Estar enferma y no tener a nadie que me ayude.
No ser aceptada por los demás.

Le pedí que repasara la lista y decidiera lo realista que era cada miedo. Si era realista —una preocupación válida a juzgar por los hechos de su vida—, tenía que subrayarlo y escribir una erre al lado. Si era poco realista, lo tenía que tachar. Vio que dos de sus miedos no lo eran. Con los ingresos por derechos de autor y los ahorros para la jubilación, tenía una red de protección. Y aunque se quedara sin ingresos, cosa que era plausible dadas las giras que había tenido que cancelar, era poco probable que perdiera la casa y acabara en la calle. Tachó el miedo a ser pobre y tal vez quedarse sin hogar. Y también el miedo a no ser aceptada por los demás. Los hechos de su vida demostraban lo contrario: que era una artista admirada y una amiga entrañable. Es más, se dio cuenta de que no dependía de ella que otra persona la aceptara o no. Estaba aprendiendo a amarse a sí misma. Lo que pensaran los demás era cosa suya. Por tanto, también tachó este miedo.

Con las tres erres que quedaban —estar sola, perder sus ingresos y estar enferma y no tener a nadie que la ayudara—, le pedí que hiciera una lista de las cosas que podía hacer ella misma para protegerse y tener la vida que quería. Si tenía miedo de estar sola y quería otra relación, podía registrarse en una web de citas, pasar un día entero estableciendo contacto visual con extraños (¡nunca sabes a quién vas a conocer!), o ir a una reunión de Codependientes Anónimos para iniciar una relación en un estado más saludable que cuando se había casado con su ex. Para afrontar el miedo de caer enferma sin nadie que cuidara de ella, podía investigar qué recursos podían asistirla en caso de necesitar cuidados. ¿Qué organizaciones de atención médica a domicilio había en la zona?, ¿cuánto costaban?, ¿las cubría el seguro?, etc. No ahuyentamos nuestros miedos; no les dejamos que nos dominen. Invitamos a las otras voces que hay en la sala a echar una mano y entonces hacemos algo. Tomamos el control. Pedimos ayuda.

Muchas veces, cuando estamos atascados no es porque no sepamos qué hacer. En verdad es porque tenemos miedo de que no nos salga bien. Somos autocríticos y tenemos grandes expectativas. Queremos la aprobación de otros —pero sobre todo la nuestra— y creemos que la podemos lograr siendo seres todopoderosos. Pero si eres perfeccionista vas a ir postergando cosas, porque la perfección no puede existir jamás.

He aquí otra manera de verlo: si eres perfeccionista, estás compitiendo con Dios. Y tú eres un ser humano. Vas a cometer errores. No intentes vencer a Dios, porque siempre ganará.

No hace falta valor para buscar la perfección. Pero sí hace falta valor para ser del montón, para decir: «Me contento con cómo soy. Me vale».

A veces nuestros miedos son dolorosamente realistas, y los recursos para hacerles frente, limitados.

Este era el caso de Lauren, una madre de cuarenta y pocos con dos niños pequeños a la que diagnosticaron cáncer. Su enfermedad era su propia cárcel. Sus miedos respecto al futuro —a morir, a que sus hijos crecieran sin ella— se convirtieron en una segunda hilera de barrotes. Un día me dijo qué era lo que más miedo le daba: morir sin haber vivido de verdad. Estaba atrapada en un matrimonio con malos tratos emocionales y físicos. Quería proteger a sus hijos y liberarse del control y la violencia de su marido, pero parecía imposible irse. El cáncer la había hecho vulnerable física y económicamente, agravando una situación peligrosa de por sí. Irse parecía un riesgo demasiado grande.

Vimos que hay una diferencia entre el estrés y la angustia. La angustia implica una amenaza e incertidumbre constantes. En Auschwitz, por ejemplo, cada vez que nos dábamos una ducha no sabíamos qué iba a salir del grifo: si agua o gas. La angustia es tóxica. Puede significar no saber cuándo puede caer una bomba sobre tu casa, no saber nunca dónde dormirás por la noche. El estrés, en cambio, es realmente algo bueno. Nos exige afrontar un desafío, encontrar soluciones creativas y confiar en nosotros mismos.

Tan complicado y peligroso es abandonar el ciclo de

los malos tratos que la mayoría de las mujeres vuelven con el maltratador muchas veces antes de romper las cadenas, si es que llegan a romperlas. Para Lauren también iba a ser difícil. Seguramente tendría dificultades para mantener a sus hijos con tan pocos ingresos, llevar la casa y cumplir el tratamiento como madre soltera. Pero no viviría más bajo la amenaza diaria de la violencia. Ya no estaría dominada por la angustia.

No obstante, para irse tendría que cambiar una realidad conocida por otra desconocida. Esto es lo que nos suele llevar a no asumir riesgos. Preferimos un mal conocido, por más doloroso o insostenible que sea, que afrontar lo desconocido.

> HAY UNA DIFERENCIA ENTRE EL ESTRÉS Y LA ANGUSTIA. LA ANGUSTIA IMPLICA UNA AMENAZA E INCERTIDUMBRE CONSTANTES. EL ESTRÉS, EN CAMBIO, ES REALMENTE ALGO BUENO.

Cuando te arriesgas, no sabes cómo saldrán las cosas. Es posible que no obtengas lo que quieres, que las cosas empeoren. Pero aun así estarás en una condición mejor porque vivirás en el mundo real, no en una realidad imaginaria creada por tu miedo.

Lauren decidió dejar a su marido. Dijo:

—No sé cuánto tiempo me queda. No voy a pasar el resto de mi vida oyendo cómo me dicen que no valgo nada.

Cuando veo a pacientes inmóviles, atrapados en un torbellino infinito de comportamiento autodestructivo, les hago frente.

—¿Por qué escoges una vida de autodestrucción? ¿Quieres morir?

—Sí, a veces sí —dicen.

Es una pregunta profundamente humana: ¿ser o no ser?

Espero que siempre elijan ser. Morir, morirán igualmente algún día, y estarán muertos durante mucho tiempo. ¿Por qué no mostrar curiosidad? ¿Por qué no descubrir lo que te puede deparar la vida?

La curiosidad es vital. Es lo que nos permite arriesgar. Cuando nos vence el miedo, vivimos en el pasado o en el futuro. Cuando tenemos curiosidad estamos en el presente, ansiando descubrir qué pasará a continuación. Es mejor arriesgarse y crecer —y tal vez caer— que seguir presos, sin saber jamás lo que podría haber sido.

Claves para liberarte del miedo paralizante

- **Puedo. Quiero. Estoy dispuesto.** Durante un día, cuenta las veces que dices «No puedo», «Necesito», «Debería» y «Estoy intentando». Decir «No puedo» es como decir que no voy a hacer algo. «Necesito» y «Debería» significan que estoy renunciando a mi libertad de elegir. Y «Estoy intentando» es una mentira. Borra este lenguaje de tu vocabulario. No te puedes deshacer de algo sin sustituirlo por otra cosa. Reemplaza el lenguaje del miedo con algo diferente: «Puedo», «Quiero», «Estoy dispuesto», «Elijo», «Soy».

- **Cambio es sinónimo de crecimiento.** Escoge una cosa que hiciste ayer y hazla de otra manera. Si siempre vas por el mismo camino al trabajo, escoge otro, o ve en bici o toma el autobús. Si sueles tener demasiada prisa o demasiadas cosas en la cabeza para hablar con el cajero del supermercado, intenta establecer contacto visual y entablar una conversación. Si no pueden comer en familia porque normalmente están todos demasiado ocupados, intenten comer juntos sin encender la televisión o sin sacar los celulares. Estos pasitos pueden parecer intrascendentes, pero en realidad entrenan a tu cerebro a saber que eres capaz de cambiar, que no hay nada grabado en piedra, que tus elecciones y posibilidades son infinitas. E indagar en tu vida ayuda a transformar la ansiedad en entusiasmo. No tienes que quedarte donde estás, siendo como eres y haciendo lo que haces. Da la vuelta a la tortilla. No estás esposado.

- **Identifica tus miedos.** Haz una lista de tus miedos. Para cada uno, pregúntate si es tuyo o de otra persona. Si es un miedo que has heredado o adquirido, táchalo de la lista. Despréndete de él. No lo tienes que llevar tú. Para cada miedo que quede, decide lo realista que es. Si es un miedo válido a juzgar por los hechos de tu vida, márcalo con un círculo. Para cada miedo realista, decide si te provoca angustia o estrés. La angustia es sinónimo de peligro e incertidumbre crónicos. Si eres una persona que vive angustiada, tu mayor responsabilidad es atender a tu seguridad y a tus necesidades de supervivencia en la medida de lo posible. Haz lo que esté en tus manos para protegerte. Si el miedo te causa estrés, asume que puede ser sano. Piensa que el estrés te puede brindar la oportunidad de crecer. Por último, para cada miedo realista haz una lista de cosas que podrías hacer hoy personalmente para fortalecerte y lograr la vida que quieres.

CAPÍTULO 10

EL NAZI EN TI

La cárcel del prejuicio

El año pasado, cuando Audrey y yo estábamos en Lausana (Suiza), di un discurso a un grupo inspirador de ejecutivos y gurús del *coaching* en el International Institute of Management Development, una de las escuelas de negocios punteras de Europa. En la cena posterior al discurso, los invitados me dejaron boquiabierta brindando sentidamente por mí, mostrándome su gratitud y aprecio. Me sorprendió un hombre en particular. Era alto, tenía el pelo ondulado y algo canoso y su rostro enjuto estaba dominado por un par de ojos tristes e inteligentes. Dijo que lo que había dicho sobre el perdón, en particular, le había parecido un regalo. Entonces rompió a llorar. Con las lágrimas corriéndole por las mejillas, dijo:

—Yo también tengo una historia, pero me cuesta muchísimo contarla.

Audrey hizo un gesto para llamarme la atención. Nos transmitimos un mensaje, un reconocimiento tácito de los daños colaterales del trauma, el dolor que se transfiere cuando se guarda un secreto. Cuando terminó la cena, se excusó y recorrió la concurrida sala hasta la mesa donde se sentaba ese hombre. Al regresar dijo:

—Se llama Andreas y harías bien en oír su historia.

Teníamos la agenda apretadísima, pero Audrey me organizó un almuerzo privado con Andreas para el día siguiente antes de tomar el vuelo de vuelta. Con un estilo calmado y reflexivo, fue hilvanando las piezas de su historia personal, epifanías independientes que había ido encontrando y enlazando a lo largo del tiempo.

Halló la primera pieza del rompecabezas cuando tenía nueve años y estaba con su padre en una exposición en un pueblito cerca de Fráncfort.

—Hijo, esta es una lista de todos los alcaldes del pueblo —dice su padre con tono sugestivo, señalando con su grueso dedo un nombre: Hermann Neumann. Hermann es el segundo nombre de Andreas. Su padre toca repetidamente el nombre con el dedo, y con una peculiar mezcla de dolor, ira, añoranza y orgullo dice—: Este es tu abuelo.

El abuelo de Andreas murió una década antes de que él naciera. No tenía ningún marco de referencia ni tenía idea de qué clase de hombre había sido, lo que era sentarse sobre su rodilla o escucharlo contar un cuento. Nadie hablaba de su abuelo. De hecho, donde debería haber estado el patriarca de la familia reinaba un pesado silencio. Andreas tenía la sensación de que el abuelo ausente tenía algo que ver con la oscuridad que a veces se colaba en los ojos de su padre y sus tíos. Era demasiado joven para entender que, entre 1933 y 1945, solo había un modo para optar a un cargo administrativo.

Pasaron nueve años hasta que descifró la siguiente pieza del rompecabezas. Andreas acababa de regresar a Alemania tras un año en Chile como estudiante de intercambio. Después de luchar contra el alcoholismo durante años, su tío había muerto y Andreas fue a su casa a vaciar el sótano. Estaba de pie en esa habitación lúgubre mientras los ojos se le adaptaban a la oscuridad —escrutando las estanterías llenas de libros y pertenencias e intentando predecir cuánto tardaría en vaciarlas— cuando la vio: una vieja maleta de madera con una calcomanía que le resultó extrañamente familiar. Se acercó y vio que era una calcomanía de la aduana de Arica (Chile), grabada con el año 1931. La etiqueta de cuero en la maleta llevaba el nombre de su abuelo. ¿Por qué cuando se había ido nadie de la familia había mencionado que su abuelo también había estado en Chile? ¿Y por qué le turbó tanto encontrar esa maleta?

Se lo preguntó a sus padres. Su padre se encogió de hombros y salió de la habitación, mientras que su madre se iba por las ramas.

—Creo que estuvo metido en algún asunto —dijo— y se fue unos meses.

Los principios de los treinta habían sido años de vacas flacas para Alemania. Quizás su abuelo hubiera probado suerte en el extranjero, como hicieron otros jóvenes alemanes durante esos años de miseria. Andreas se convenció de que este era el caso e hizo todo lo posible para aplacar el presentimiento persistente de que había gato encerrado.

Unos años más tarde, pidió permiso a su otro tío para consultar los antiguos documentos y recuerdos de la familia que había en la parte trasera de la casa. El instinto le decía que igual encontraba algo del pasado de su abuelo que pudiera explicar la sombra de inquietud que conectaba las distintas generaciones de la familia: los problemas de su padre y sus tíos con el alcohol, o su comportamiento misterioso y hermético, que Andreas presentía que tenía que ver con la vergüenza.

Pasó días leyendo y clasificando escritos hasta que,

poco a poco, fueron apareciendo más piezas. La primera fue el viejo pasaporte de su abuelo, sellado por el departamento de inmigración de Chile, que indicaba que había llegado en 1930 y se había ido en 1931. Otra fue un telegrama de 1942 enviado a su abuelo, que estaba trabajando en Fráncfort como oficinista en uno de los grandes grupos industriales del país. «¿Ya sacaste todas las bicicletas y pertenencias de la casa de Fráncfort?», decía el telegrama firmado por el hermano de su abuelo. Era un mensaje peculiar.

Luego Andreas leyó la dirección del remitente. Su tío abuelo había mandado el mensaje a su abuelo desde la sede de la Gestapo en Marsella. ¿Cómo pudo haber usado su tío abuelo un telégrafo nazi? ¿Por qué su abuelo recibió un mensaje privado de una delegación de la Gestapo? ¿Qué tan estrechos eran los vínculos de su familia con el nazismo?

Siguió indagando en los documentos y encontró una carta de un amigo de la familia en que les notificaba que su tío abuelo había muerto durante la guerra. Estaba en una misión de retirada en Francia cuando su coche pisó una mina. No se habían podido recuperar efectos personales ni documentos identificativos de la explosión. También descubrió cartas del abuelo a la abuela escritas después de la guerra desde un campo de prisioneros de guerra en el sur de Alemania. ¿Qué presuntos (o consumados) delitos lo habían enviado a prisión?

Continuó buscando información durante años, pero solo encontró callejones sin salida. A pesar de la encarcelación de su abuelo, no parecía haber pruebas de ningún juicio o investigación de sus actos criminales. En la desesperación por llenar las lagunas del pasado de su familia,

Andreas se puso en contacto con los archivos del Estado federal donde habían vivido sus abuelos después de la guerra. Al fin le entregaron un expediente. Solo contenía unas cuantas hojas, incluida una cronología mecanografiada de apenas media página.

En 1927, su abuelo se había unido a las SA con solo veinte años. Las Sturmabteilung fueron el primer grupo paramilitar del partido nazi y se fundaron para perseguir a los judíos, arrojándoles piedras a través de las ventanas e incendiando manzanas de casas. Generaron un clima de miedo y violencia y contribuyeron al ascenso de Hitler al poder. Abandonó las SA en 1930 —el año en que se fue a Chile—, pero regresó a Alemania al cabo de unos pocos meses, se reincorporó a las SA y fue escalando en la jerarquía hasta convertirse en jefe de escuadrón y miembro del partido nazi. Estas decisiones le allanaron el camino para conseguir un puesto en el departamento de finanzas en Fráncfort y la alcaldía en el pueblo donde el padre de Andreas había señalado su nombre, Hermann Neumann, las cuatro sílabas que denotaban el oscuro legado que había heredado.

—Llevo su nombre —dijo Andreas—. Mis células vienen de las suyas. Esencialmente, soy un resultado, un producto, de lo que pasó.

Su mismísima identidad parecía contaminada.

Y la historia parecía estar repitiéndose. Al mismo tiempo que descubría la verdad sobre su abuelo, el movimiento de derecha estaba cobrando impulso en una Alemania del Este económicamente devastada.

—Veía imágenes de personas persiguiendo a inmigrantes en Chemnitz —dijo— y sabía que mi abuelo había hecho lo mismo.

Se cambió oficialmente el segundo nombre de Hermann por el de Phileas, en honor al personaje Phileas Fogg de *La vuelta al mundo en ochenta días* de Julio Verne, un libro que de niño le despertó la curiosidad por el mundo. El cambio de nombre fue un acto destinado a distanciarse de su abuelo, a cortar el vínculo personal con sus vilezas, a decir: «Sí, soy el nieto de Hermann y no necesito llevar su nombre de pila».

Andreas dijo que aún está intentando librarse de la rémora del pasado, de la vergüenza eterna por llevar la sangre de un criminal, del hecho de que su vida fuera resultado directo de los beneficios que obtuvo su abuelo por hacer daño a los demás, por la injusticia. Es una culpa colectiva que por desgracia arrastran muchos alemanes. Si eres alemán, hutu o descendiente de aquellos que practicaron el *apartheid*, el genocidio o cualquier otro tipo de violencia o injusticia sistemática, te digo una cosa: no fuiste tú. Culpa a los culpables y luego decide.

—¿Cuánto tiempo vas a seguir cargando con esto allí a donde vayas? —le pregunté a Andreas—. ¿Cuál quieres que sea tu legado?

¿Quieres seguir en deuda con el pasado? ¿O puedes encontrar un modo para liberar a tus seres queridos y a ti mismo?

Hasta que hicimos este viaje a Europa, no tenía ni idea de cuánto pesaba esta pregunta para mi propia hija.

Ni Audrey ni yo recordamos haber hablado jamás de mi pasado durante su infancia. Se enteró de lo que era el Holocausto en la escuela dominical y le preguntó a Béla. Él le dijo que yo había estado en Auschwitz y ella ató cabos. Había percibido que había cosas de las que no hablábamos; sabía de nuestro dolor. Pero como no sabía cómo preguntarlo —o en cierta medida no quería saberlo—, la verdad había seguido oculta.

Ahora todas las cartas estaban boca arriba. Cuando empecé a hablar con más sinceridad y franqueza sobre mi pasado, Audrey no supo qué hacer con los sentimientos que mi historia le suscitaba. Se preguntaba si Béla y yo podríamos haber transferido a su ADN nuestro sufrimiento, y tenía miedo de que pasara el peso del trauma a sus propios hijos. Pasó años evitando toda suerte de libros, películas, museos y sucesos sobre el Holocausto.

Cuando llevamos a cuestas un legado difícil, solemos reaccionar de dos maneras: resistiéndonos o despegándonos de él; combatiéndolo o huyendo. Aunque representaran caras opuestas de la misma tragedia, Andreas y Audrey estaban recorriendo el mismo camino: estaban haciendo frente a una verdad brutal y estaban buscando la forma de asumirla y seguir adelante.

Aparte de guardar silencio para intentar proteger a mis hijos del dolor, hasta principios de los ochenta no sopesé el impacto general de nuestro legado. Por orden del juzgado, un chico de catorce años me vino a ver para hacer terapia vestido con camiseta y botas marrones, apoyó el codo encima de la mesa y empezó a despotricar y a decir que los Estados Unidos tenían que volver a ser blancos, que había que matar a todos los putos judíos, negros, mexicanos y chinitos. Me hirvió la sangre. Me moría de ganas de zarandearlo y decirle: «¿Cómo te atreves a hablar así? ¿Sabes quién soy? ¡Mi madre murió en una cámara de gas!». Justo cuando pensaba que iba a alargar los brazos para estrangularlo, oí una vocecita en mi interior que decía: «Encuentra a la fanática que hay en ti».

Imposible, pensé. No soy fanática ni racista. Soy una sobreviviente del Holocausto y una inmigrante. El odio me arrebató a mis padres. En la fábrica de Baltimore usaba los baños para «gente de color» en solidaridad con mis colegas afroamericanos. Me manifesté a favor de los derechos civiles con Martin Luther King. ¡No soy fanática ni racista!

Pero para detener al fanatismo hay que empezar por uno mismo. Hay que dejarse de prejuicios y elegir la compasión.

Respiré hondo, me incliné, lo miré con toda la afabilidad de la que pude hacer acopio y dije: «Cuéntame más».

Fue un pequeño gesto de aceptación; no hacia su ideología, sino hacia su persona. Y fue suficiente para que hablara un poco de su infancia, durante la cual había sufrido soledad, abandono paterno y grave desatención. Al oír su historia recordé que no se había unido a un grupo extremista porque hubiera nacido con odio. Estaba buscando lo que todos ansiamos: aceptación, atención y afecto. No es ninguna excusa, pero atacarlo solo serviría para hacerlo sentir más inútil y para regar la semilla que se había sembrado durante su niñez. Tenía que elegir entre enajenarlo aún más o darle otra versión de refugio y pertenencia.

PARA DETENER EL FANATISMO HAY QUE EMPEZAR POR UNO MISMO. HAY QUE DEJARSE DE PREJUICIOS Y ELEGIR LA COMPASIÓN.

No volví a verlo. No sé si siguió su camino de prejuicio, crimen y violencia, o si pudo curarse y dar un vuelco a su vida. Sí sé que entró listo para matar a alguien como yo y que se fue más relajado.

Incluso un nazi puede ser

un mensajero de Dios. Ese chico fue mi maestro y me señaló que siempre puedo elegir sustituir el prejuicio por la compasión, reconocer que todos somos humanos y practicar el amor.

El fascismo acecha en todo el mundo. Mis bisnietos van a heredar un mundo que sigue dominado por el prejuicio y el odio, donde los niños lanzan insultos racistas en el patio y llevan armas al colegio, donde los países erigen muros para denegar el asilo a otros seres humanos. En este estado de miedo y vulnerabilidad, es tentador odiar a los que odian. Pero yo siento lástima por las personas que son educadas en el odio.

Y me identifico con ellas. ¿Y si hubiera nacido siendo una ciudadana alemana cristiana, en vez de una judía húngara? ¿Y si hubiera oído a Hitler proclamar «Hoy, Alemania; mañana, el mundo»? Yo también podría haber sido de las Juventudes Hitlerianas, o una guardia en Ravensbrück.

No todos somos descendientes de nazis. Pero todos tenemos un nazi dentro.

La libertad implica elegir en cada momento si activamos nuestro nazi o nuestro Gandhi interno; el amor con el que nacimos o el odio que aprendimos.

El nazi interno es la parte de ti capaz de juzgar sin compasión, que no te permite ser libre y que victimiza a los demás cuando las cosas no salen como esperabas.

Aún estoy aprendiendo a librarme de mi nazi interior.

El otro día almorcé en un elegante club de campo con mujeres de alto *standing*. ¿Por qué paso la tarde con personas que parecen muñecas Barbie?, pensé. Me descubrí juzgando a otras personas, sucumbiendo a la misma mentalidad del nosotros-contra-ellos que costó la vida a mis padres. Cuando dejé a un lado el prejuicio, descubrí que esas mujeres tenían ideas muy profundas, que también habían experimentado escollos y dolor. Y yo por poco les pongo la cruz.

Otra noche hablé en una sede de la Chabad, donde había presente otro sobreviviente. Durante el turno de preguntas, dijo: «¿Por qué se rindieron tan fácil en Auschwitz? ¿Por qué no se rebelaron?». Su voz iba *in crescendo*. Empecé a explicar que, si hubiera intentado enfrentarme a un guardia, me habrían fusilado en el acto. La rebelión no me habría hecho libre. Habría perdido el resto de mi vida, pero entonces me di cuenta de que estaba reaccionando a su agitación tratando de defender mis elecciones del pasado. ¿Y qué pasa con el momento actual? Tal vez esa fuera la única oportunidad que iba a tener en la vida de ofrecer esta compasión humana. «Muchísimas gracias por venir —dije—: Gracias por compartir su experiencia».

Cuando vivimos en la cárcel del prejuicio, no solo victimizamos a otros. Nos victimizamos a nosotros mismos.

Alex estaba recorriendo este camino a la autocompasión cuando nos conocimos. Me enseñó el tatuaje que llevaba en el brazo. IRA, decía. Y debajo llevaba otro: AMOR.

—Así es como crecí —dijo—. Mi padre era la ira. Mi madre era el amor.

Su padre era policía y los crio a ella y a su hermano en un clima de «Borra esa mirada; no seas una carga; no muestres emociones; haz como si estuvieras bien; no se pueden cometer errores». Solía llegar a casa cansado del trabajo y Alex aprendió enseguida a retirarse a su habitación cuando empezaba a ofuscarse.

—Siempre pensaba que era culpa mía —me dijo—. No sabía por qué estaba tan enojado. Nadie me dijo nunca: «No tiene nada que ver contigo. No has hecho nada malo». Crecí pensando que era yo la que lo hacía enojar, que tenía algún problema.

Internalizó tanto esta sensación de culpa, esta sensación de ser juzgada, que de adulta tenía miedo hasta de pedir a un trabajador del supermercado que le diera algo de un estante al que no llegaba.

—Estaba segura de que pensarían que era una idiota rematada.

El alcohol le alivió temporalmente las inhibiciones, los recelos y los miedos. Hasta que acabó en rehabilitación.

Cuando hablé con Alex, llevaba sobria trece años y acababa de dejar su estresante trabajo atendiendo llamadas de emergencias, donde había estado durante más de una década, porque le resultaba difícil de compaginar con las necesidades de su hija discapacitada. Este es un nuevo capítulo en su vida: responderse a sí misma con bondad.

Y tiene la sensación de que este objetivo se aleja cada vez que está con su familia. Su madre encarna la ternura, la seguridad, la bondad y el amor y se dedica a mantener la paz en la familia. Es capaz de seguir la corriente y de dejarlo todo para ayudar a sus hijos y nietos, y consigue que cualquier cena familiar normal parezca una ocasión especial. En cambio, el padre de Alex sigue enojado y taciturno. Ella lo controla atentamente y analiza lo que hace para poder protegerse.

Hace poco, de campamento con sus padres se percató de todos los comentarios negativos que su padre hacía sobre otras personas.

—La gente que había al lado estaba recogiendo el campamento y mi padre dijo: «Esto es lo que más me gusta: ver a los idiotas devanarse los sesos sin saber lo que tienen que hacer». Así es como crecí: viendo a mi padre observar y disfrutar de los errores ajenos. ¡No me extraña que creyera que la gente estaba pensando cosas horribles sobre mí! No me extraña que lo mirara buscando señales de cualquier tic o gesto, una clave para saber lo que tenía que hacer para que no se enojara. Me ha dado miedo toda la vida.

—Las personas más detestables son las mejores maestras —le dije—. Te enseñan lo que no te gusta de ellas, te enseñan a estudiarte a ti misma. ¿Así que cuánto tiempo dedicas a juzgarte a ti misma?, ¿a inspirarte miedo?

Por tanto, analizamos de qué maneras se cerraba en sí misma: la clase de español a la que quería ir pero no se atrevía a inscribirse; el gimnasio al que tenía miedo de apuntarse.

Todos somos víctimas de víctimas. ¿Cuánto te quieres remontar para encontrar el origen? Es mejor empezar por uno mismo.

Unos meses después, Alex me contó que había reunido el valor y la autoaceptación suficientes para inscribirse en la clase de español y apuntarse al gimnasio.

—Me han acogido con los brazos abiertos —dijo—. Incluso me seleccionaron para competir con el equipo femenino de *powerlifting*.

Cuando renunciamos a nuestro nazi interior, desactivamos las fuerzas internas y externas que nos han estado cohibiendo.

—La mitad de ti viene de tu padre —le dije a Alex—. Enfócalo con luz blanca. Envuélvelo de luz blanca.

Esto es lo que aprendí en Auschwitz. Si intentabas resistirte a los guardias, te disparaban. Si intentabas huir, te enredabas con el alambre de espino y te electrocutabas. O sea que convertí mi odio en lástima. Decidí sentir lástima por los guardias. Les habían lavado el cerebro. Les habían arrebatado la inocencia. Fueron a Auschwitz a meter a niños en cámaras de gas pensando que estaban salvando al mundo de un cáncer. Habían perdido la libertad. Yo aún tenía la mía.

Unos meses después de visitar Lausana, Audrey volvió al International Institute of Management Development para impartir un taller con Andreas en el programa de Liderazgo de Alto Rendimiento.

—Crecimos en caras opuestas de la línea de transmisión de secretos y horrores —dijo Andreas.

Ahora colaboran para ayudar a los líderes empresariales de hoy a centrarse en la cura personal; a afrontar el pasado y definir el rumbo hacia una realidad mejor.

Entre sus alumnos hay europeos, sobre todo de Alemania y países adyacentes, de entre treinta y sesenta años, una o dos generaciones sucesoras de la Segunda Guerra Mundial e interesadas en lo que sucedió con sus familias durante la guerra. Otros alumnos vienen de sitios de África y del sureste de Europa que han sido devastados por la violencia, y están buscando la forma de afrontar y superar las tragedias que han vivido (o infligido a) sus familias. Este taller trata sobre la cura personal y está dirigido por la hija de una sobreviviente y el nieto de un nazi. Es un bello ejemplo no solo de cómo curarse, sino de por qué. Por nosotros y también por lo que nuestra curación aporta al mundo. Por el nuevo legado que cedemos.

—Antes participaba en el silencio sobre el pasado —dijo Audrey—. Tenía miedo del dolor. —Pero se dio cuenta de que, al no aprender, se estaba aferrando al dolor—: Ahora prefiero ser curiosa y quiero ayudar.

Andreas estaba en la misma página.

—Al final vi claro por qué invertía tanto tiempo en el pasado —dijo—. Creo que a mis antepasados les gustaría que se corrigieran las cosas, en la medida de lo posible. Cuando me doy cuenta de esto, les perdono mucho más. No paro de preguntarme por qué hicieron lo que hicieron. Yo solo puedo influir en lo que hago ahora para contribuir a la paz.

Nacemos para amar; aprendemos a odiar. Está en nuestras manos decidir qué hacemos.

Claves para liberarte del prejuicio

- **Nuestros mejores maestros.** Las personas más tóxicas y aborrecibles de nuestra vida pueden ser nuestras mejores maestras. La próxima vez que estés en presencia de alguien que te fastidie o te ofenda, míralo con ternura y piensa lo siguiente: «Es humano, ni más ni menos; humano como yo». Y luego pregunta: «¿Qué has venido a enseñarme?».

- **Nacemos para amar; aprendemos a odiar.** Haz una lista de los mensajes que oíste durante la infancia y que dividen a la gente en categorías: nosotros/ellos, bueno/malo; positivo/negativo. Subraya aquellos mensajes que describan tu forma de ver el mundo actualmente. Fíjate en los momentos en que estés sucumbiendo a un prejuicio. ¿Cómo afecta este prejuicio a tus relaciones? ¿Te resta opciones o merma tu capacidad para asumir riesgos?

- **¿Cuál es el legado que quieres transmitir?** No podemos elegir lo que hicieron nuestros antepasados ni lo que se les hizo, pero sí podemos decidir qué legamos a nuestra descendencia. Intenta legar una receta para una vida bien vivida. Escoge las cosas buenas del pasado de tu familia y añade tus propios ingredientes. Lega a la siguiente generación algo delicioso y nutritivo sobre lo que alzarse.

CAPÍTULO 11

SI SOBREVIVO HOY, MAÑANA SERÉ LIBRE

La cárcel de la impotencia

En Auschwitz había una idea que me remordía la conciencia: ¿alguien sabe que Magda y yo estamos aquí?

Todas las respuestas me abocaban a la impotencia. Si la gente lo sabía y no intervenía, ¿cuánto valía mi vida? Y si nadie lo sabía, ¿cómo íbamos a escapar?

Cuando me vencía la sensación de impotencia, solía pensar en lo que me había dicho mi madre en el vagón oscuro y abarrotado de gente de camino al campo:

—No sabemos a dónde vamos. No sabemos qué va a pasar. Pero recuerda que nadie te puede quitar lo que tienes en la mente.

Durante esos largos y terribles días y noches en prisión, yo elegía en qué pensar. Pensaba en mi novio Eric, en cómo nuestro romance floreció en tiempos de guerra, en cómo íbamos de pícnic al río, comíamos el delicioso pollo frito y la ensalada de papas de mi madre y hacíamos planes a futuro. Me imaginaba bailando con él con el vestido que me había hecho mi padre justo antes de que nos corrieran de casa; me imaginaba probándome el vestido para constatar que podría bailar con él, que la falda giraba, sintiendo las manos de Eric contra el fino cinturón de ante en la cintura. Pensaba en las últimas palabras que me dijo mien-

187

tras veía partir mi transporte de la fábrica de ladrillos: «Nunca olvidaré tus ojos. Nunca olvidaré tus manos». E imaginaba volviéndonos a reunir, fundiéndonos en un abrazo lleno de alegría y alivio. Estos pensamientos eran como una vela que me iluminaba en los momentos y meses más sombríos. No es que soñar despierta con Eric borrara el horror. No resucitó a mis padres ni mitigó la pena por su muerte, ni la amenaza que se cernía sobre mí. Pero pensar en él me ayudó a ver más allá de donde estaba, a imaginar un mañana con mi amado, lejos del hambre y la tortura. Estaba viviendo un auténtico infierno, pero era temporal. Y si era temporal, se podía sobrevivir a él.

La esperanza sí es una cuestión de vida o muerte. Conocí a una chica en Auschwitz que se convenció a sí misma de que en Navidad ya habrían liberado el campo. Había detectado que habían menguado las nuevas llegadas, había oído rumores de que los alemanes estaban sufriendo graves derrotas militares y se convenció de que solo era cuestión de semanas antes de que nos liberaran. Pero entonces llegó la Navidad y pasó sin que nadie viniera a liberar el campo. El día después de Navidad, mi amiga había muerto. La esperanza la había mantenido con vida. Cuando murió la esperanza, ella también.

Me acordé de esto al cabo de más de setenta años, en un hospital de La Jolla, unos meses después de que saliera mi primer libro: *La bailarina de Auschwitz*. Durante décadas había soñado con poner negro sobre blanco mi historia de curación, con animar a tantas personas como pudiera de todo el mundo a embarcarse y continuar el camino a la libertad. Estaban ocurriendo un montón de cosas asombrosas y reconfortantes; cada día recibía cartas conmovedoras de los lectores, invitaciones a hablar en conferencias y actos y a dar entrevistas en medios internacionales.

Un día estaba muy animada porque Deepak Chopra me había invitado a participar en un acto en vivo de Facebook que iba a presentar en el Chopra Center, La Costa. No cabía en mí de contenta. Como a mi edad cuidar del físico exige tiempo, puse manos a la obra de inmediato. Pedí cita para la peluquería y el salón de maquillaje para estar y sentirme lo mejor posible; me embutí en mi vestido favorito e intenté ignorar la dolorosa quemazón que notaba en el estómago, unos retortijones que reclamaban desesperadamente mi atención, como los aguijones de hambre que tenía en Auschwitz. «Déjame en paz —le decía a mi tripa mientras me maquillaba—: ¡Ahora ando muy atareada!».

La mañana del acto me levanté pronto y me vestí con cuidado. Mientras me ajustaba el saco delante del espejo, me imaginé a mi padre observándome. «¡Mírame ahora!», le decía sonriendo.

Pero cuando una amiga me vino a recoger para llevarme al Chopra Center, yo me estaba retorciendo e intentaba capear una nueva oleada de terribles retortijones:

—No te pienso llevar a ese acto —dijo—. Te llevo al hospital.

Pero yo no quería entrar en razón.

—¡He tardado dos días en prepararme! —dije apretando los dientes—. Llévame al Chopra Center.

Me llevó tan rápido como pudo y entré a toda prisa. Pero nada más saludar a Deepak y a su esposa fui directa al baño y me caí de rodillas. Me agarré al borde del lavabo, aterrada por que fuera a hacer el ridículo y a provocar un desastre, y me desmayé del dolor. Lo siguiente que recuerdo es a Deepak agarrándome los brazos y guiándome hacia el coche, con el que fui directa al hospital. Los médicos vieron que tenía una parte del intestino delgado enroscada y que había que extirparla. Necesitaba cirugía urgente.

—Si hubiera tardado una hora más —dijo el cirujano—, habría muerto.

Cuando me desperté de la operación al cabo de unas horas, droagada y aturdida, los enfermeros me dijeron que era la paciente más arreglada que habían visto salir del quirófano. Al parecer, aún llevaba el maquillaje inmaculado.

Pero no me sentía elegante. Me sentía como una niña indefensa: deliraba por culpa de los medicamentos, era incapaz de entender dónde estaba y no me podía mover sin ayuda. Cada vez que quería ir al baño tenía que pulsar un botón y esperar asustada por que el enfermero o auxiliar no llegaran a tiempo. No me sentía plenamente humana. Me sentía reducida a un acervo de necesidades básicas —hambre, sed y excreción— y era incapaz de satisfacerlas sola.

Y lo peor de todo era que estaba intubada y no podía hablar. La impotencia y la mudez me trajeron a la memoria muchos recuerdos horribles, así que empecé a agarrar el tubo e intentar quitármelo. Los enfermeros tuvieron miedo de que fuera a ahogarme y me ataron las manos, cosa que me aterró. Mis reacciones físicas automáticas —síntomas del TEPT—, avivadas por el trauma de mi pasado, significaban que no soportaba estar inmovilizada. Los espacios cerrados, las máquinas de resonancia magnética y todo lo que me sujetara me hacía entrar en pánico.

El corazón me palpitaba a un ritmo peligroso y se contraía antes de poder llenarse de sangre. Estaba atada en un hospital sin poder hablar; sentí que era imposible seguir viviendo.

Mis tres hermosos hijos —Marianne, Audrey y John— habían estado a mi lado desde la cirugía e intercedían constantemente en mi favor, procurando que el medicamento fuera el adecuado para mantener la máxima lucidez posible, frotándome la piel reseca con mi loción favorita de Chanel. Mis nietos fueron a verme. Rachel y Audrey me llevaron un albornoz suave. Todos me cuidaron estupendamente e hicieron todo lo posible para ofrecerme dignidad y confort. Sin embargo, estaba conectada a un montón de máquinas. ¿Volvería a poder vivir sin ellas? No quería seguir respirando si no podía vivir en plenitud. Una vez tuve las manos libres, hice un gesto a Marianne para que me acercara un trozo de papel y un bolígrafo. «Quiero morir feliz», garabateé.

Me prometieron que cuando llegara la hora me dejarían ir, y Marianne se guardó la nota en el bolsillo. Parecían no entender que yo estaba lista para irme en ese preciso momento. Ese día pasó a verme en su ronda de visitas el doctor McCaul, mi neumólogo, y dijo que tenía buena cara. Me iba a retirar el tubo al día siguiente, prometió. Mis hijos sonrieron y me dieron un beso. «¿Ves, mamá? —dijeron—, no te pasará nada». La tarde fue avanzando larga y pesadamente y todos los monitores y respiradores pitaban y chascaban a mi alrededor, mientras yo me intentaba convencer. «Es algo temporal —me decía a mí misma—. Puedo sobrevivir a esto». Dormité y me desperté incontables veces y pasé una noche infinita sin pegar ojo, mirando fijamente por la ventanilla cuadrada de la habitación, en duermevela. Salió el sol. Lo había conseguido a pesar de todo. Ese día me quitaban el tubo.

«Es algo temporal —me repetía mientras esperaba que el doctor McCaul viniera a quitarme el tubo—. Es algo temporal». Pero cuando llegó el médico, se paró, revisó los datos y suspiró: «Creo que necesitaría un día más».

No podía hablar para decirle que no podía aguantar un día más. Sin entender lo cerca que estaba de rendirme, me dedicó una sonrisa tranquilizadora y siguió visitando a los demás pacientes.

Me desperté bien entrada la noche. Estaba hecha un ovillo, cerrada al mundo. Tal vez eso era lo que se sentía al decir adiós definitivamente. Luego oí una vocecita en mi interior: «En Auschwitz lo conseguiste. Puedes volver a conseguirlo». Tenía que elegir. Podía ceder y rendirme o podía elegir la esperanza. Me invadió un nuevo sentimiento. Sentí a tres generaciones —mis hijos, nietos y bisnietos— cooperando para infundirme ánimos. Pensé en cómo había saltado de alegría Marianne cuando me visitó en el hospital después de que naciera Audrey gritando: «¡Tengo una hermanita! ¡Tengo una hermanita!»... En John, cuyas dificultades durante la infancia me enseñaron a no rendirme jamás pasara lo que pasara... En el rostro brillante de Lindsey cuando fue madre... En la dulce voz de mi bisnieto Hale llamándome «yayita»... En David de pequeño levantándose la camiseta para que le besara en el ombligo, gritando: «¡Besito, besito!»... En Jordan de adolescente haciéndose el duro con sus amigos y luego pidiendo un vaso de leche calentita con miel antes de acostarse... En los hermosos ojos de Rachel observándome esa misma mañana mientras me daba un masaje en los pies... Tenía que vivir, ¡porque no quería dejar de mirar jamás a esos ojos! Sentí el regalo de todos, el regalo de la vida. El dolor y el cansancio no habían remitido, pero mis extremidades y el corazón estaban vivos y vibraban con la llamada de la posibilidad y el propósito, con la idea de que aún me quedaba gente a quien ayudar, que aún me quedaban cosas por hacer en este planeta.

Cuando nos llega la hora, nos llega la hora. No podemos elegir cuándo morimos. Pero yo ya no quería morir. Quería vivir.

Al día siguiente volvió el médico y me quitaron el tubo. Audrey me ayudó a dar un paseo por el pasillo arrastrando todos los goteros y las máquinas. Los enfermeros se pusieron en fila y me animaron y aplaudieron, asombrados de verme fuera de la cama, decidida a caminar sí o sí, por muchos equipos que tuviera que llevar a cuestas. Al cabo de una semana me dieron de alta. Atada a la cama de ese hospital, desvanecida toda esperanza, no sabía que en un año iba a recibir un correo de Oprah diciendo que había leído mi libro y que me quería entrevistar en *SuperSoul Sunday*.

No sabemos nunca lo que nos deparará el futuro. La esperanza no es una capa de pintura que usamos para enmascarar nuestro sufrimiento. Es una oda a la curiosidad, un reconocimiento de que, si nos rendimos ahora, no veremos nunca lo que pasa luego.

Pensaba que nunca iba a ser más feliz que cuando supe que estaba embarazada de mi primera hija. El médico me avisó del riesgo de seguir con el embarazo, pues tenía miedo de que no fuera lo bastante fuerte físicamente para criar a un bebé sano o sobrevivir al parto. Pero después de la cita me lancé a recorrer las calles, sin apenas poder contener la alegría de traer vida al mundo después de tanto sufrimiento y muerte. Lo celebré hartándome de pan de centeno y *spätzle* de papa cruda. Sonreía al ver mi reflejo en los aparadores. Gané veintidós kilos.

En las décadas que han transcurrido desde que nació Marianne, he ganado y perdido muchas cosas y casi pierdo tantas otras. Todo esto me ha hecho darme cuenta de todo lo que tengo, de que debo celebrar cada momento de felicidad sin esperar el permiso o la aprobación de nadie. Hay una cosa que me recuerdo constantemente: elegir la esperanza es elegir la vida.

La esperanza no es ninguna garantía de lo que sucederá en el futuro. La escoliosis que me dio durante la guerra me ha acompañado siempre. Me afecta al pulmón y lo empuja contra el corazón. No sé si voy a tener un infarto o si un día me voy a levantar sin poder respirar.

Pero elegir la esperanza influye en las cosas a las que presto atención diariamente. Puedo pensar como si fuera joven. Puedo escoger con qué lleno los días y hacerlo con pasión: bailar y dar patadas en alto mientras pueda; releer libros que me importan, ir al cine, a la ópera y al teatro; disfrutar de la buena gastronomía y la alta costura; pasar tiempo con personas buenas e íntegras; recordar que la pérdida y el trauma no significan que tengas que dejar de vivir con plenitud.

—Has vivido en tu carne las peores calamidades del mundo —dice la gente—. ¿Cómo puedes conservar la esperanza cuando sigue habiendo asesinatos en masa, cuando hay tantas pruebas que apuntan en otra dirección?

> ELEGIR LA ESPERANZA INFLUYE EN LAS COSAS A LAS QUE PRESTO ATENCIÓN DIARIAMENTE.

Si uno se pregunta cómo se puede tener esperanza ante la cruda realidad, está confundiendo la esperanza con el idealismo. El idealismo es esperar que todo en esta vida sea justo, bueno o fácil. Es un mecanismo de defensa, como la negación o el autoengaño.

A ver, no mezclen ajo con chocolate porque sabe a rayos. Del mismo modo, uno no es libre negando la realidad o intentando encubrirla con algo dulce. La esperanza no distrae de la oscuridad; te encara con ella.

Poco después de empezar a escribir este libro, estaba viendo la tele cuando me topé casualmente con una entrevista a Ben Ferencz. A los noventa y nueve años, es el último miembro que queda con vida del equipo de fiscales que acusaron a los nazis en Núremberg, básicamente el mayor juicio por asesinato de la historia.

En aquel entonces, Ferencz solo tenía veintisiete años. Era hijo de inmigrantes rumanos judíos y sirvió en el Ejército de los Estados Unidos durante la Segunda Guerra Mundial, luchando en la invasión de Normandía y en la batalla de las Ardenas. Luego, cuando se empezaron a liberar los campos de concentración, se le envió a recabar pruebas. Traumatizado por lo que vio, hizo la promesa de no regresar jamás a Alemania.

Volvió a Nueva York y se preparó para ejercer la abogacía. Sin embargo, lo reclutaron para ir a Berlín a investigar las oficinas y los archivos nazis en busca de pruebas para acusar a los criminales de guerra en los juicios de Núremberg. Clasificando la documentación nazi, descubrió expedientes de los Einsatzgruppen, unidades de las SS enviadas como comandos de ejecución. En los expedientes había cifras de hombres, mujeres y niños fusilados a sangre fría en ciudades y aldeas de todos los territorios europeos ocupados por los nazis. Ferencz sumó la cantidad de muertos: más de un millón de personas asesinadas en sus casas y enterradas en fosas comunes.

—Han pasado setenta y un años —dijo Ferencz— y aún me revuelve el estómago.

Aquí es donde aparece la esperanza. Si se hubiera aferrado al idealismo, habría tratado de olvidar la cruda realidad o la habría enterrado bajo un manto de ilusiones: la guerra se ha acabado, el mundo es un lugar mejor, no volverá a ocurrir. Si hubiera sucumbido a la impotencia, habría dicho: «La humanidad es vil. No se puede hacer nada». Pero Ferencz intentó albergar esperanzas. Decidió hacer todo lo que estuviera en sus manos para que prevaleciese el estado de derecho e impedir que volvieran a cometerse jamás delitos similares. Fue nombrado fiscal jefe de los Estados Unidos en el caso de los Einsatzgruppen cuando solo tenía veintisiete años. Fue su primer juicio.

Ahora lleva casi un siglo a sus espaldas y sigue abogando por la paz y la justicia social.

«Hay que ser valiente para no desanimarse», dijo. Pero no se rindan nunca, nos recuerda. El progreso y el cambio están por todas partes; nada que sea nuevo ha podido suceder anteriormente.

De hecho, recientemente evoqué sus palabras hablando en Rancho Santa Fe, una comunidad antiguamente segregada al norte de San Diego. Hace poco los judíos ni siquiera podían residir en ella; ahora la comunidad celebra el decimoquinto aniversario de la llegada del primer rabino de la Chabad.

Si decidimos que algo es inútil o imposible, lo será. Si nos remangamos y hacemos algo, ¿quién sabe lo que podríamos hacer aflorar? La esperanza es curiosidad agrandada. Es la voluntad de cultivar dentro de ti cualquier cosa que despida luz y de arrojar esa luz a los recovecos más oscuros.

La esperanza es el acto de imaginación más valiente que conozco.

Hay muchos motivos para la desesperanza.

Sobreviví a Auschwitz y a la Europa comunista y vine a los Estados Unidos, tierra de libertad, solo para descubrir que los baños y las fuentes de la fábrica de Baltimore donde trabajaba segregaban por raza. Había huido del odio y el prejuicio y había acabado encontrando más prejuicio y más odio.

Unos meses después de empezar este libro, el último día del Pésaj —la festividad judía que celebra la liberación—, un hombre armado entró en una sinagoga ortodoxa cerca de San Diego, donde vivo yo, y disparó y mató a un feligrés. Dijo que solo estaba intentando defender a su país del pueblo judío. Unos meses después, en un Walmart de El Paso (Texas), donde yo había vivido, otro joven blanco disparó y mató a treinta y dos personas en un atentado xenófobo y supremacista. ¿Mis padres murieron para que pudiera repetirse el pasado?

> LA ESPERANZA ES CURIOSIDAD AGRANDADA.

No olvidaré jamás el nudo que se me formó en el estómago cuando, hace muchos años, terminé una plática en una universidad de El Paso y el profesor preguntó cuántas personas del público sabían qué era Auschwitz. Había por lo menos doscientas personas en ese auditorio y solo cinco estudiantes levantaron la mano.

La ignorancia es el enemigo de la esperanza.

Y es el impulso de la esperanza.

Tuve el privilegio de conocer a uno de los sobrevivientes de la matanza en la sinagoga de San Diego unas semanas antes de que empezara el primer año en la universidad. Nacido en Israel, había migrado a los Estados Unidos con su familia a los nueve años. Sus padres no eran muy religiosos, pero recientemente él y su padre habían empezado a ir a la sinagoga cada sábado. Este hábito le había ayudado a pensar, reordenar los pensamientos, refrescar la memoria

> LA IGNORANCIA
> ES EL ENEMIGO
> DE LA ESPERANZA.
> Y ES EL IMPULSO
> DE LA ESPERANZA.

y, de alguna forma, reflexionar sobre lo que había hecho bien o mal durante la semana. La mañana del tiroteo estaba tratando de decidirse por una universidad, barajando sus opciones. Su padre se quedó en el santuario para oír la recitación de la Torá, pero él se sentó en la primera banca de la sinagoga, su lugar favorito para rezar y meditar. Estaba mirando por la ventana cuando vio que entraba un hombre por el rabillo del ojo. Luego vio el cañón de un arma, las balas cortando el aire, una mujer cayendo al suelo.

—¡Corre! —se dijo. Dio un brinco para huir, pero el hombre armado lo vio y se lanzó tras él gritando:

—¡Ya puedes correr, ya, hijo de puta!

Encontró una sala vacía, se metió debajo de una mesa y se apretó contra la madera. Los pasos del hombre llegaron hasta el umbral de la puerta y el jovencito contuvo la respiración. Los pasos se acabaron alejando, pero no se atrevió a moverse. Cuando su padre lo encontró seguía apretujado contra la mesa tratando de no respirar. Le prometió que el pistolero se había ido, pero él seguía petrificado debajo de la mesa.

—Te voy a hablar de sobreviviente a sobreviviente —le dije—. Esta experiencia te acompañará siempre.

Le expliqué que los recuerdos y el pánico no suelen desaparecer. Aun así, lo que llamamos «trastorno de estrés postraumático» no es un trastorno, sino una reacción muy normal a la pérdida, la violencia y la tragedia. Aunque no superará nunca lo que presenció aquel día, puede aceptarlo. E incluso usarlo, como podemos usar cualquier cosa en esta vida, para crecer y ser más decididos.

Esta es la esperanza que te ofrezco.

También podrías haber muerto, ¿no? Quizás ha habido momentos en los que has querido morir, pero no moriste. La esperanza es la convicción de que sobreviviste a todo lo que sobreviviste para poder ser un buen ejemplo para los demás. Un embajador de la libertad. Una persona que no se ofusca con lo que ha perdido, sino con lo que todavía le queda en su cometido.

Siempre hay algo que hacer.

Mi tía Matilda, que llegó a los cien años, se despertaba cada mañana y decía: «Podría ser peor y podría ser mejor». Así empezaba todos los días. Yo tengo noventa y dos años y la mayor parte de los días me despierto con algún dolor. Es la realidad. En parte es porque estoy envejeciendo; en parte, porque tengo escoliosis y los pulmones afectados. El día que no sienta ningún dolor será el día en que esté muerta.

La esperanza no oscurece ni blanquea la realidad. La esperanza nos dice que la vida está llena de oscuridad y sufrimiento; pero, si sobrevivimos hoy, mañana seremos libres.

Claves para liberarte de la impotencia

- **No mezcles ajo con chocolate.** Es tentador confundir esperanza con idealismo, pero el idealismo no es más que otra forma de negación, una manera de eludir el enfrentamiento real con el sufrimiento. La resiliencia y la libertad no se logran haciendo ver que no estás sufriendo. Escúchate hablar de una situación difícil o dolorosa. «Bueno. No es para tanto. Otros están mucho peor. No tengo ningún derecho a quejarme. Al final todo saldrá bien. ¡Sin dolor no hay gloria!». La próxima vez que te des cuenta de que estás usando el lenguaje de la minimización, el autoengaño o la negación, intenta sustituir esas palabras por: «Duele, pero es algo temporal». Recuerda que ya has sobrevivido al dolor antes.

- **Hay que ser valiente para no desanimarse.** El progreso y el cambio están por todas partes; nada que sea nuevo ha podido suceder anteriormente. Pon un temporizador para dentro de diez minutos y haz una lista de todo lo que se te ocurra y que sea mejor ahora que hace cinco años. Piensa a escala mundial: avances en derechos humanos, innovaciones tecnológicas, nuevas obras de arte. Y piensa a nivel personal: las cosas que has hecho, logrado o cambiado a mejor. Que las cosas que quedan por hacer sean un impulso para la esperanza, no para la desesperanza.

- **La esperanza es una oda a la curiosidad.** Encuentra un asiento cómodo o siéntate y cierra los ojos. Relaja el cuerpo. Respira hondo unas cuantas veces e imagínate caminando por un camino o una carretera. Vas a conocer a tu yo del futuro. ¿Por dónde caminas? ¿Por una calle urbana iluminada? ¿Por un bosque? ¿Por un camino? Observa los alrededores con todos los detalles: presta atención a las imágenes, los olores, los sonidos, los sabores y las sensaciones. Ahora llegas a la puerta de tu futuro yo. ¿Dónde vive? ¿En un rascacielos? ¿En una cabaña de madera? ¿En una casa con un porche enorme? Se abre la puerta. Tu futuro yo te saluda. ¿Cómo es? ¿Qué lleva puesto? Abrázalo o estréchale la mano y luego pregúntale: «¿Qué es lo que quieres contarme?».

CAPÍTULO 12

SIN IRA NO HAY PERDÓN

La cárcel para el perdón

La gente me suele preguntar cómo puedo perdonar a los nazis. No está en mis manos conceder a nadie el perdón, o eximir espiritualmente a otros de sus maldades.

Pero sí está en mis manos liberarme a mí misma.

Y en las tuyas también.

El perdón no es algo que hagamos por la persona que nos ha herido. Es algo que hacemos por nosotros mismos, para dejar de ser víctimas o prisioneros del pasado, para poder dejar de cargar con un peso que solo esconde dolor.

Otro malentendido sobre el perdón es pensar que hacer las paces con una persona que nos ha hecho daño es como decir: «Hemos terminado».

No funciona así. No se trata de cortar el vínculo con alguien. Se trata de desquitarse.

Mientras digas que no puedes perdonar a alguien, estás gastando energías en atacar, en vez de defenderte a ti mismo y de defender la vida que mereces. Perdonar no significa dar permiso a alguien para que te siga haciendo daño. Si te hicieron daño, sí pasa algo. Pero ya está hecho. Solo tú puedes curar la herida.

Este tipo de liberación no es sencilla. No es un proceso repentino e intervienen muchos factores: un deseo de justicia o de venganza, el deseo de una disculpa, o incluso del mero reconocimiento.

Durante años fantaseé con encontrar a Josef Mengele en Paraguay, a donde había huido después de la guerra. Quería hacerme pasar por una simpatizante, o una periodista, y llegar hasta él. Luego quería entrar en su casa y decirle esto a la cara:

—Soy la niña que bailó para ti en Auschwitz. Asesinaste a mi madre.

Quería ver la cara que pondría, quería verlo asimilar la verdad sin poder huir. Quería que respondiera por sus crímenes, que se encontrara indefenso. Quería sentirme fuerte y triunfante ante su debilidad. No buscaba venganza, exactamente. Por alguna razón, tenía la sensación de que lastimando a alguien no iba a desaparecer mi dolor. Pero, durante mucho tiempo, esta fantasía me dio mucha satisfacción. Pero no me disipó la rabia y la tristeza; solo las aplazó.

Es más fácil liberarse del pasado cuando otros ven tu verdad, cuando se cuenta la verdad, cuando hay un proceso colectivo —justicia reparadora, tribunales de crímenes de guerra, comités de la verdad y la reconciliación— a través del cual los culpables responden del daño infligido y el tribunal del mundo pide cuentas por la verdad.

Pero tu vida no depende de lo que obtienes o dejas de obtener de alguien. Tu vida es tuya.

Lo que voy a decir ahora te podría chocar.
Sin ira no hay perdón.

Durante muchos años tuve problemas tremendos de ira. No la admitía. Me aterrorizaba. Pensaba que me iba a ahogar en ella. Creía que, una vez empezada, nunca iba a acabar; que me consumiría totalmente. Pero, como he dicho antes, lo contrario de la depresión es la expresión. Lo que sacamos del cuerpo no nos envenena, pero lo que se queda dentro sí. El perdón es la liberación; y yo no pude liberarme hasta que me concedí permiso para sentir y expresar mi ira. Al final pedí a mi terapeuta que se sentara encima de mí, que me sujetara para darme una fuerza contra la que empujar, para poder soltar un grito primal.

La ira silenciosa nos destruye. Si no la sueltas activamente, a conciencia y a propósito, la estás reprimiendo. Y eso no te hará ningún bien.

Desahogarte tampoco. Sucede cuando pierdes la cabeza. Puede parecer catártico en ese momento, pero quienes pagan los platos rotos son los demás. Y se vuelve adictivo. Realmente no estás liberando nada, solo estás perpetuando un ciclo perjudicial.

Lo mejor que puedes hacer con la ira es aprender a canalizarla y luego disolverla.

Puede parecer bastante simple, pero, si te han enseñado a ser una «buena chica» o un «buen chico», si te han enseñado que la ira es algo que rechazar o temer, si has sido víctima de la ira de otra persona, no es fácil dejarte sentir —y mucho menos expresar— la ira.

> LA IRA SILENCIOSA NOS DESTRUYE.

Cuando el marido de Lena le pidió el divorcio sin darle ninguna explicación y sin hablarlo, ella se quedó en *shock* por la pérdida. Un año después, le va viento en popa: el trabajo le va de perlas, mantiene y cuida a sus tres hijos y ha empezado a salir de nuevo con otras personas. Incluso lleva un peinado elegante y aretes atrevidos. Pero por dentro se siente atascada, incapaz de superar la sensación de que la vida le ha tomado el pelo.

—Perdí una cosa que no quería perder —dijo—. No me dieron a elegir.

Sintió una honda tristeza, pena y culpabilidad. Se armó de una fuerza y energía que no sabía que tenía para ayudar a sus tres hijos, rendir bien en el trabajo y tramitar los papeles del divorcio. Pero, mientras pasaba por todo eso, no pudo sentir la ira. Muchos años antes había sido testigo de cómo una tía a la que quería mucho pasaba por un divorcio exprés. Había visto a su tía alejarse del mundo y aguantar la respiración durante décadas, a la espera de que su exmarido se diera cuenta de su error y le rogara volver juntos. Había muerto de cáncer esperando a que su esposo volviera. Obsesionada con la pena de su tía, un día Lena se fue de paseo por el bosque. Quería liberar la ira que sospechaba que llevaba dentro, aunque no pudiera sentirla. Siguió un sendero que se adentraba en las profundidades del bosque y buscó un espacio entre los árboles, en total soledad, para gritar lo más fuerte posible. Pero el grito no le salió. Estaba bloqueada. Cuanto más intentaba aceptar la ira, más fría se sentía.

—¿Cómo puedo sentir y expresar la ira? —me preguntó—. Estoy aterrada de sentirla. No quiero sentirla.

—Primero que todo, legitímala —le dije.

Tienes derecho a sentir rabia. Es una emoción humana y tú eres un ser humano.

Si no podemos liberar la ira, o bien estamos negando que nos hayan atacado, o bien estamos negando que seamos humanos. (Así es como sufre un perfeccionista, ¡en silencio!) Sea como sea, estamos negando la realidad. Nos anestesiamos, hacemos ver que estamos bien.

Así no romperás las cadenas.

Grita y desahógate a puñetazos con una almohada. Ve a la playa o a la cima de una montaña y deja que el viento se lleve tus gritos. Agarra un palo enorme y estréllalo contra el suelo. Cuando vamos solos en coche cantamos. ¿Por qué no podemos gritar solos? Sube las ventanillas, respira hondo y, cuando exhales el aire, dale un tono *in crescendo* y transforma la voz en el grito más largo y fuerte del mundo. Cuando me viene a ver un paciente que parece estar rígido o llevar una máscara, digo: «Hoy se me antoja gritar. ¿Gritamos?». Y lo hacemos juntos. Si tienes miedo de gritar a solas, busca a un amigo o terapeuta que grite contigo. ¡Es una liberación enorme! Y es muy profundo, incluso estimulante, oír tu propia voz sin adulterar, cargada de sentimiento, expresando su verdad más complicada. Oírte sin máscara. Levantarte, reclamar tu espacio y decir: «Me han hecho daño, pero no soy una víctima. Yo soy yo».

La ira es una emoción secundaria, una armadura con la que revestimos el sentimiento primario subyacente. Ardemos de ira para poder llegar a lo que hay debajo: el miedo o la tristeza.

Entonces es cuando podemos empezar el proceso más difícil.

Perdonarnos.

Un viernes de agosto por la tarde, poco después de empezar a esbozar los capítulos de este libro, llegué a casa y me encontré a un hombre en la puerta. Iba vestido con pantalones caqui y polo y llevaba una credencial oficial en el pecho.

—Soy de la compañía del agua —dijo—. Tengo que comprobar que el agua no esté contaminada. —Lo dejé pasar y lo guie hasta la cocina. Abrió el grifo y echó un vistazo a los grifos de los baños. Entonces me dijo—: Tengo que llamar a mi supervisor. Podría haber un problema con los metales.

Llamó por el celular a un compañero y le pidió ayuda.

Luego llegó un hombre con el mismo atuendo y la misma credencial. Volvió a probar todos los grifos y me dijo que tenía que quitarme todo lo que llevara encima que fuera de metal. Relojes, cinturones, joyas... Me quité el collar y la pulsera. Los anillos me costaron más. Como tengo artritis, he puesto un cierre a los anillos para poderlos desabrochar. De lo contrario, no me los podría quitar nunca porque tengo las articulaciones inflamadas. Pero con la artritis me cuesta incluso abrir el cierre, así que les pedí que me ayudaran.

Volvieron a probar los grifos y trataron el agua con algún producto. Vaya al lavabo del baño, me dijeron, y abra el grifo hasta que el agua salga azul. Recorrí todo el pasillo, abrí el grifo y vi cómo emanaba el agua. Y esperé y esperé hasta que até cabos. Fui corriendo a la cocina, pero ya se habían ido con mi collar, la pulsera y los anillos.

La policía dijo que yo era la última víctima de un conocido timo a la gente mayor. Me sentí tan estúpida e ingenua por haber caído en la trampa... Cada vez que pensaba en lo ignorante y crédula que había sido, me entraban escalofríos. Los dejé entrar, los paseé por la casa, les di mis joyas. ¡Poco me faltó para escribirles un cheque!

La policía y mis hijos lo ven con otros ojos. Gracias a

Dios que les hiciste caso, dicen. Se llevaron objetos, pero no me hicieron ningún daño. Si hubiera intentado resistirme, me podrían haber atado o algo peor. Tal vez sobreviví porque los obedecí en todo momento sin rechistar.

Esta perspectiva me calma, pero no hace que desaparezcan los sentimientos. El principal sentimiento es el de la pérdida de cosas que valoraba y tenía en alta estima, sobre todo la pulsera, la que me regaló Béla para celebrar el nacimiento de Marianne y que saqué a escondidas de Checoslovaquia ocultándola en su pañal. Solo era un objeto, pero representaba algo más: la vida, la maternidad, la libertad..., todas las cosas que vale la pena celebrar y proteger con uñas y dientes. Sin ella siento el brazo desnudo.

Entonces tuve miedo. Durante días tuve un sentimiento obsesivo de que iban a volver y matarme para que no los denunciara.

Luego sentí el deseo de reprender a los delincuentes, de castigarlos y humillarlos.

—¿Así es como los crio su madre? —me imaginaba gritarles—, ¿no les da vergüenza?

Y luego hubo mi vergüenza. Yo misma abrí la puerta. Contesté a sus preguntas. Obedecí sus órdenes, les ofrecí la mano para que me desabrocharan el anillo. Odiaba la versión de mí misma que veía. Vulnerable. Frágil. Ingenua.

Pero la única que estaba poniéndome estas etiquetas era yo misma.

Lo que digo es que la vida me está dando muchas oportunidades para escoger la libertad, para amarme tal como soy: humana, imperfecta y plena. Así que me perdoné y los eximí de toda culpa para poder eximirme a mí.

Tengo una vida que vivir, trabajo que hacer y amor que compartir. Ya no tengo tiempo para aferrarme al miedo, la ira o la vergüenza, para dar algo más a dos personas que ya me arrebataron algo. No les daré ni agua. No renunciaré a mi poder.

Durante mi reciente visita a Europa, Audrey y yo fuimos a Ámsterdam, donde hablé en la Casa de Anna Frank y luego recibí un homenaje espectacular. Igone de Jongh, la primera bailarina del Ballet Nacional Neerlandés, coreografió y representó una pieza inspirada en mi primera noche en Auschwitz, cuando bailé para Mengele.

La actuación tuvo lugar el 4 de mayo de 2019, cuando se cumplían setenta y cuatro años de mi liberación en Gunskirchen, un día de memoria nacional en los Países Bajos. Todo el país guarda dos minutos de silencio en honor de los que murieron en los campos y los que sobrevivieron. Cuando Audrey y yo llegamos al teatro nos recibieron como estrellas, nos aplaudieron y nos regalaron flores. La gente lloraba y nos abrazaba. El rey y la reina llegaban tarde al espectáculo, así que nos ofrecieron sus asientos.

La actuación en sí fue una de las experiencias más deliciosas y entrañables de mi vida. La fuerza, gracia y pasión de Igone de Jongh me conmovieron profundamente; y también su retrato de la belleza y la trascendencia en el infierno. Aún más portentosa fue la representación de Mengele. Era un fantasma hambriento, triste y vacío que se iba acercando más y más a mí, su prisionera, pero sin contentarse jamás, atrapado por su necesidad de poder y de control.

Los bailarines hicieron una reverencia y el público se puso de pie para rendirles un estruendoso aplauso. Cuando los aplausos empezaron a remitir, Igone de Jongh bajó del escenario con un ramo lleno de flores y vino directa hacia donde estábamos Audrey y yo sentadas. Nos iluminaron con un foco. La bailarina me abrazó con los ojos anegados en lágrimas y me dio su enorme ramo. El teatro estalló de júbilo. Cuando nos fuimos de nuestros asientos no podía ni ver por culpa de las lágrimas que aún me nublaban los ojos.

Tardé muchos años en acomodar mi ira y mi tristeza, en liberar a Mengele y a Hitler, en perdonarme por haber sobrevivido. Pero sentada en ese teatro con mi hija, contemplando cómo se recreaba en el escenario uno de los momentos más oscuros de mi pasado, recordé algo de lo que me di cuenta esa noche en el barracón: que aunque Mengele tenía todo el poder, aunque día tras día escogía quién vivía y quién moría blandiendo su grotesco dedo, era más prisionero que yo.

Yo era inocente.

Y libre.

Claves para liberarte de la cárcel para el perdón

- **¿Estoy preparado para perdonar?** Piensa en una persona que te haya hecho daño o te haya herido. ¿Te parece cierta alguna de estas afirmaciones?: lo que hizo es imperdonable; no se ha ganado mi perdón; estoy preparado para concederle mi perdón; si lo perdono, lo eximo de la culpa; si lo perdono, le doy permiso para seguir haciéndome daño; lo perdonaré cuando haya justicia, cuando se disculpe o cuando lo reconozca. Si te identificas con alguna de estas afirmaciones, seguramente estás gastando energías en atacar a alguien, en vez de defenderte a ti mismo y defender la vida que mereces. El perdón no es algo que concedes a otros. Es tu forma de eximirte.

- **Reconoce y da rienda suelta a la ira.** Concierta una cita con la ira que sientes. Si la idea de ceder a la ira te aterra demasiado para hacerlo a solas, pide ayuda a un amigo o un terapeuta en quien confíes. Legitima la ira, escoge un modo de canalizarla y luego disuélvela. Grita y chilla. Desfógate con un saco de boxeo. Golpea el suelo con un palo. Rompe platos en la terraza. Suelta la ira para que no se agrave y te envenene. No pares hasta que no quede nada. Repítelo al cabo de un día o una semana.

- **Perdónate.** Si me cuesta perdonar a alguien que me ha hecho daño, tal vez me esté aferrando a la culpa, la vergüenza o la autocrítica. Nacemos inocentes. Imagina que sostienes en brazos a un bebé precioso. Siente la calidez y la confianza de ese ser diminuto.

Observa sus ojos curiosos y abiertos como platos, las manitas que se estiran intentando abarcar cada detalle del mundo, insondable y abundante. Ese bebé eres tú. Di: «Estoy aquí. Vivo para ti».

CONCLUSIÓN

EL REGALO

No podemos borrar el sufrimiento, no podemos cambiar lo que pasó, pero sí podemos elegir encontrar el regalo que entrañan nuestras vidas. Incluso podemos aprender a amar la herida.

Hay un dicho húngaro que dice que la sombra esconde la luz más brillante. Mi noche más aterradora, la primera que pasé en Auschwitz, me enseñó una lección vital que ha mejorado y nutrido mi vida desde entonces. Las peores circunstancias me brindaron la oportunidad de descubrir los mecanismos internos para sobrevivir a cualquier cosa. Mis años de introspección, solitud y esfuerzo como estudiante de *ballet* y gimnasta me ayudaron a sobrevivir al infierno; y el infierno me enseñó a seguir bailando por mi vida.

La vida —aun con todo su trauma, dolor, tristeza, miseria y muerte inevitables— es un regalo. Un regalo que saboteamos cuando nos encarcelamos en nuestros miedos al castigo, al fracaso y al abandono; en nuestra necesidad de aprobación; en la vergüenza y la culpa; en la superioridad y la inferioridad; en nuestra necesidad de poder y control. Celebrar el regalo de la vida es ver un regalo en todo lo que sucede, incluso en las partes difíciles que no vemos claro que vayamos a superar. Celebrar la vida, con todo lo que conlleva. Vivir con alegría, amor y pasión.

A veces pensamos que, si superamos la pérdida o el trauma, si nos divertimos y gozamos, si seguimos creciendo y evolucionando, estamos faltando al respeto a los muertos o al pasado. ¡Pero no pasa nada por reír! ¡No pasa nada por ser felices! Incluso en Auschwitz festejábamos en nuestra mente a todas horas, celebrábamos banquetes, discutíamos sobre cuánta alcaravea hay que echar al pan de centeno o cuánta pimienta lleva el pollo húngaro a la páprika. ¡Una noche incluso organizamos un concurso de tetas! (¿A que no adivinan quién ganó?)

No puedo decir que todo suceda por un motivo, que la injusticia o el sufrimiento sirven para un propósito. Pero puedo decir que el dolor, la miseria y el sufrimiento son el regalo que nos ayuda a crecer, a aprender y a convertirnos en las personas que estamos destinadas a ser.

En los últimos días de la guerra nos moríamos de hambre y dentro del campo empezó a aparecer el canibalismo. Yo estaba inmóvil sobre el lodo, alucinando por culpa del hambre y rezando por encontrar la forma de sobrevivir sin sucumbir al consumo de carne humana. Y una vocecita dijo: «Puedes comer hierba». Incluso a las puertas de la muerte, tenía una elección. Podía elegir qué brizna de hierba comer.

Antes me preguntaba: «¿Por qué yo?». Pero ahora me pregunto: «¿Por qué no yo?». Tal vez sobreviví para poder elegir qué hacer con lo que pasó y cómo vivir en la actualidad. Para poder enseñar a otros a elegir la vida, para que mis padres y todos los inocentes no murieran en vano. Para convertir en un regalo todas las lecciones que aprendí en el infierno y ofrecértelas ahora a ti: la oportunidad de decidir qué tipo de vida deseas, de descubrir el potencial que hay en las sombras, de revelar y reclamar la persona que realmente eres.

Cielo, ojalá elijas salir de la cárcel y esforzarte por ser libre. Por encontrar en el sufrimiento tus propias lecciones vitales. Por elegir qué legado heredará el mundo. Por legar el dolor o legar el regalo.

AGRADECIMIENTOS

Yo siempre digo que la gente no viene a mí. Alguien me la envía.

He tenido la tremenda dicha de poder apoyarme en un montón de personas maravillosas que han llegado a mí. Es imposible citar a toda la gente que me ha emocionado, inspirado o cuidado, y que ha contribuido directa o indirectamente a la confección de este libro. A todos los que han entrado en mi vida, han tenido fe en mí y me han ayudado a no rendirme les doy las gracias por los regalos únicos que me han hecho. Me alegra que formen parte de mi vida. Gracias por rellenar mi mochila, por ayudarme a hacer frente a lo desconocido, a lidiar con lo imprevisto y a asumir la responsabilidad por la vida y la libertad. A mis pacientes, que me inspiran para no jubilarme jamás, gracias por las formas en que me hacen dudar y me enseñan a ser una buena guía. Y a las muchas personas de todo el mundo que han encontrado sentido en mi obra, especialmente a las que me contaron sus historias, gracias por animarme a compartir esas lecciones para que todos podamos afrontar cada jornada con la pasión de vivir, para que todos seamos libres.

A mis maestros y mentores y a todos los que me han ayudado a convertirme en una profesional del arte de la curación, y a los que prosiguen la labor de guiar a otros, gracias por predicar con el ejemplo; cuidando de ustedes mismos mientras van más allá del «yo», contribuyendo a hacer un mundo mejor, viviendo la enseñanza de que el cambio es sinónimo de crecimiento. Quiero tener un reconocimiento especial para Jakob von Wielink y sus compañeros por estar a mi lado y velar por mí en los Países Bajos y Suiza, haciendo posible el viaje, poniéndome en contacto con personas que estaba destinada a conocer y llevándome a sitios donde me agasajaron y me emocionaron hasta lo indecible. Ojalá todos consagráramos cada instante de esta vida a celebrar nuestras diferencias y a formar una gran familia humana.

Quisiera tener unas palabras de agradecimiento para las personas que me asisten en mi día a día: en concreto, para los doctores Scott McCaul y Sabina Wallach, que nunca han dudado de mi capacidad para resistir; para Gene Cook, mi pareja de baile, que es un pedazo de pan; y para Katie Anderson, mi brazo derecho, la mujer que me protege contra todo, que me ayuda a hacer frente a cualquier cosa y que encarna la mismísima responsabilidad. Gracias a todos por cuidar de mi cuerpo, mente y espíritu, pensando siempre en lo mejor para mí y recordándome día a día que amarse a una misma es cuidarse.

Escribir el primer libro fue un sueño hecho realidad. Publicar un segundo libro supera cualquier expectativa que jamás hubiera albergado. No podría haber hecho nada de esto sin mi extraordinario equipo: mi amiga y animadora Wendy Walker, un ejemplo perfecto de cómo ser una auténtica sobreviviente y vivir en el presente; mis inteligentes editores, Roz Lippel y Nan Graham, y sus sensacionales colaboradores en Scribner; Jordan e Illynger Engle, por el trabajo que hacen al difundir mi mensaje en las redes sociales; mi agente, Doug Abrams, y su fábrica de ideas en Idea Architects; y la coautora de mis textos, Esmé Schwall Weigand, que recoge mis palabras y las convierte en poesía.

A mis hijas, Marianne y Audrey, las hermanas más enérgicas que practican el arte de estar de acuerdo en el desacuerdo, gracias por todo lo que me han enseñado sobre la elección de no ser víctima o socorrista. Y gracias por las aportaciones dinámicas y prácticas que han hecho a este libro, ayudándome a destilar la dimensión teórica y práctica de mi trabajo. A mi hijo, John, gracias por el valor que demuestras cada día con tu compromiso de ayudar a los demás.

A las generaciones que me seguirán, y a los antepasados que me antecedieron, gracias por enseñarme que por nuestras venas corre la sangre de sobrevivientes. Que siempre podemos vivir libres, sin ser nunca víctimas de nadie ni de nada.